NANJING MUSEUM

南京博物院

人一生一定要看的博物馆

陈晨◎主编

图书在版编目（CIP）数据

人一生一定要看的博物馆．南京博物院 / 陈晨主编．
北京：北京联合出版公司，2024.12.（2025.8 重印）--（少年游学）.
ISBN 978-7-5596-8059-4

Ⅰ.G269.1

中国国家版本馆 CIP 数据核字第 202442F24P 号

人一生一定要看的博物馆

南京博物院

选题策划：日知图书
出 品 人：赵红仕
项目策划：冷寒风
责任编辑：刘　洋
项目统筹：卢雅凝
文图编辑：卢雅凝
装帧设计：罗　雷
美术编辑：张大伟
图片提供：视觉中国　flickr

北京联合出版公司出版
（北京市西城区德外大街83号楼9层 100088）
天津市光明印务有限公司　新华书店经销
119千字　710毫米×880毫米　1/16　6印张
2024年12月第1版　2025年8月第2次印刷
ISBN 978-7-5596-8059-4
定价：34.00元

前言

博物馆收藏过去，但更关乎当下和未来

2024 年，在“5 · 18 国际博物馆日”中国主会场活动的开幕式上，国家文物局正式发布了 2023 年度中国博物馆事业发展最新数据。2023 年中国全年新增备案博物馆 268 家，全国备案博物馆数量达 6833 家；全年举办陈列展览 4 万余场、教育活动 38 万余场；接待观众 12.9 亿人次。我国博物馆以平均每年约 300 家的数量持续增长，总量已居世界前列。

逛博物馆已经在不知不觉中成为我们一种不假思索的选择，成为我们美好假日生活的一块不可或缺的拼图。博物馆里珍稀的古代遗存、奇妙的动植物标本吸引着我们，文明演进的痕迹、人类历史的缩影滋养着我们。

在博物馆里，你将看到古老的秘密如何被一一揭开，那些沉睡千年的文物，以怎样的姿态诉说着过往的辉煌；你将感受到古代大师们笔下那震撼人心的力量，每一幅画作、每一件雕塑都是那个时代的缩影；你还将领略到自然科学的神奇与伟大，从微小的细胞世界到浩瀚的宇宙星空，科学的魅力无处不在。

但博物馆的魅力远不止于此。它们还是连接过去与未来的桥梁，是不同文化交流的平台。在这里，不同肤色、不同语言的人们因为共同的兴趣与追求而相聚，共同感受人类文明的多样性与包容性。每一次展览，都是一次思想的碰撞与融合，激发着人们对美好生活的向往与追求。

因此，本书不仅仅是一本关于博物馆的参观指南，更是一本心灵洗礼与启迪之书。我们希望通过这些文字与图片，能够激发每一位读者对知识的渴望、对文化的尊重、对历史的敬畏。让我们一同走进这些博物馆，开启一场场精彩的探索之旅吧！

在接下来的旅程中，愿你能感受到历史的厚重、文化的深邃、科学的魅力以及人性的光辉。愿这本书能带你走近博物馆、走进博物馆，更能“读懂”博物馆。

目录

1 镇院之宝

2 古人的日常生活

3 古代艺术精品

走进南京博物院

让博物馆成为一本有趣的故事书

位于江苏南京紫金山南麓的南京博物院，是一座保存着中华文明的宝藏博物馆，也是我国第一座由国家投资兴建的大型综合类博物馆。馆内藏有珍贵文物43万余件（套），其中以江苏地域文明瑰宝为特色，是中国三大博物馆之一。

全国公共文化设施管理先进单位

国家一级博物馆

中央地方共建国家级博物馆

全国爱国主义教育示范基地

分馆介绍

南京博物院“一院六馆”各有侧重：

特展馆展出的藏品既有引进的外展，也有以本院珍宝为核心的主题展览。

特展馆

展出书法、绘画、雕塑等精美艺术品及杰出艺术大师的珍品。

艺术馆

按时间划分为远古、史前、商周、秦汉、六朝、隋唐、宋元、明清，以“江苏古代文明”为主题，多视角展示江苏地区的古代文明进程。

历史馆

了解南京博物院

南京博物院的历史可追溯至1933年，著名教育家蔡元培先生首倡设立的“国立中央博物院筹备处”。历经变迁，于1950年更名为“国立南京博物院”，随后在1959年改为“南京博物院”，并沿用至今。

筹备之初，规划有自然、工艺与人文三大展馆。项目由当时享誉业界的建筑设计师徐敬直担纲设计，后经建筑界泰斗梁思成与刘敦桢指导，大殿的设计方案由原本计划的清代风格调整为仿辽代大殿风貌，这一转变赋予了建筑更加深邃的历史韵味与庄重感。

南京博物院采用了独特的“一院六馆”布局——历史馆、特展馆、数字馆、艺术馆、非遗馆以及民国馆，共同展现丰富的文化遗产。此外，院内还设有考古研究所、文物保护研究所（被誉为“文物三甲医院”）、古代建筑研究所、陈列艺术研究所、非遗保护研究所、古代艺术研究所，并特别设立了国内博物馆中独一无二的民族民俗学研究机构。

南京博物院的藏品时间跨度大，从旧石器时代至当代，不仅涵盖了全国性的珍贵文物，也深入展现了江苏地区独特的文化风貌。这些藏品中，既有来自宫廷的传世之宝，也有通过考古发掘的珍贵文物，还有一部分则是社会征集与爱心捐赠所得，每一件都是历朝历代的精品佳作，备受国内外学术界的关注与赞誉。

这里是一个可以亲近非遗文化与技巧的地方，不仅能看展览，还能沉浸式地参与其中。通过动态方式展示江苏省国家级非物质文化遗产名录项目，并邀请传承人现场演示，展示江苏省独特的传统技艺、戏曲、民俗等。

非遗馆

重点展示南京地区民国时期的社会生活，通过还原真实建筑、营造历史氛围等手段，将传统作坊与现代公众服务机构以实体店的形式展现给观众，呈现民国时期南京市民的生活状况。

民国馆

由实体展馆与网络虚拟馆组成，充分运用现代科技，营造立体又仿真的展示环境。观众在数字馆中可以穿过“时光隧道”，通过网络平台与虚拟馆进行互动。

数字馆

镇院之宝

国之瑰宝 巧技神思

南京博物院 NANJING MUSEUM

南京博物院的镇院之宝，每一件都承载着深厚的历史文化底蕴和独特的艺术价值。这些国宝不仅展示了中国古代文化的博大精深和独特魅力，也为后人研究江苏地区的人文、历史、社会风貌提供了宝贵的参考资料。

文会图（局部）

北宋

赵佶

一铁锹挖出的宝贝
金兽

金兽
西汉
通高 10.2 厘米，身长 17.5 厘米，身宽 16 厘米。
南京博物院藏

国宝必看

1982 年 2 月，江苏盱眙（xū yí）县南窑庄马湖大队公路生产队在清理排水沟的淤泥时，发现了一块黄色的金属物品。它的下面还有一个铜壶，里面藏着众多金器。这种将物品装在容器中，埋藏于地下的方式称为“窖藏”，按照考古界常用的以出土地为文物命名的方法，这批在南窑庄出土的珍宝被命名为“南窑庄窖藏”。南窑庄窖藏中一共出土了 38 件珍贵的历史文物，是罕见的考古发现。

黄六

“镇护之宝”

金兽呈蜷伏状，瞪目俯耳，圆颅平额，两只爪子放在下巴下面，尾巴穿过小腹，斜置于左背。虽然样貌凶狠，但因头枕在前脚上，又显得有点可爱；而且它的脖子上还套了项圈，给人一种家养宠物的感觉。

金兽的身体上被锤出圆形斑纹，底座空凹，内壁刻有用小篆写的“黄六”二字：“黄”指器物为黄金质地，“六”是序数，字迹虽然细小，但仍清晰可辨。金兽全身密布的斑纹是用工具一点一点锤击上去的，具有很高的观赏价值。

它是谁？

关于这只可爱的金兽究竟是什么动物的问题至今还没有一种确切的说法，有人说是老虎，也有人说是豹子。从它满身的花纹来看，似乎“豹子”的说法要更合理一些。

在古人眼中，豹是一种神兽，有辟邪的功能，因此人们常常将器物做成豹形，以求平安。西汉时期王侯贵族中有驯养豹的“时尚”，在河北满城中山靖王墓、徐州狮子山楚王陵、北京大葆台西汉墓等西汉时期的古墓中，都发现了豹形象的器物。

金兽重 9.1 千克，含金量达 99%，是目前我国考古发现的金器中最重的一件。

• 关于金兽用途的推测

席镇

在汉代的时候还没有凳子，古人都席地而坐，就需要有东西来压住席子的四个角。

权器

战国时期出土的铜权、石权顶部都有环钮，金兽的顶部也有。

镇库

用黄金铸成的巨大兽型器，显示了所有者的富有和权势。

知识拓展

中国早期金器代表

JINQIDAIBIAO

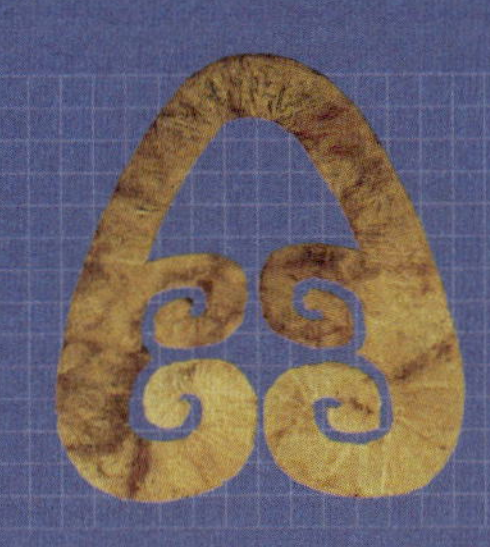

金人面形器

商

成都金沙遗址博物馆藏

太阳神鸟金饰

商周

成都金沙遗址博物馆藏

现在是中国文化遗产标志。

金面具

商

三星堆博物馆藏

该面具可能附着在青铜头像上。

金鹰冠饰

战国

内蒙古博物院藏

金腰带扣

西汉

南京博物院藏

呦呦鹿鸣，食野之苹

青铜卧鹿

在古代中国，鹿被看作善灵之兽。王公贵族多喜赏鹿。它被视为“神物”，是仙界的使者，具有沟通天地的能力，能给人带来幸福和长寿。

青铜卧鹿

西汉 身长 26 厘米

南京博物院藏

与卧鹿一同出土的铜镜直径 29 厘米，卧鹿可能是镜架。

颈、耳、臀、背均镶嵌有绿松石。

《春秋命历序》记载：

“皇神驾六飞鹿，化三百岁”

仙境之鹿

1965 年江苏涟水三里墩汉墓出土的这只青铜卧鹿，整体呈伏卧状，头颈昂起，双耳耸立，身体后部略向左倾，双眼看向右前方，头顶犄角槎枒（chá yā），各分出四叉。

从卧鹿的外形来看，它是按照一只成年的雄性梅花鹿来塑造的，较为难得的是工匠对鹿的性情和神态的把握十分精准。卧鹿四足蜷卧，抬头直视前方，双目炯炯有神，双耳高高竖起，面露惊异之色，仿佛一只正在林间休息的小鹿，听到有异响后，马上抬头察看周围动向。

千秋不朽匠人心

银缕玉衣

在汉代，帝王们都相信“侍死如奉生”，如果灵魂与肉体不分离，那么来世就可以继续享受荣华富贵，于是他们死后便会穿上一种特殊的殓服，想要保证尸身不朽。因此，在两汉时期的皇室和高级贵族中，流行着穿玉衣下葬的做法。南京博物院所藏的这件银缕玉衣是我国第一件经考古发掘、科学复原的汉代银缕玉衣。

珍贵的“银缕玉衣”

这件银缕玉衣1970年6月出土于江苏徐州土山东汉彭城王家族墓。徐州在东汉时期属于彭城王的封地，共有五代彭城王。土山一号汉墓中发现的银缕玉衣应该属于东汉某位彭城王。

外观上，玉衣长170厘米，与普通成年男子身高相当。玉衣由玉片和银丝钩织而成，使用银丝800克左右。玉衣包括14个部件，部件的周缘都有丝织物缀边，既可以使部件定型，又便于组合，还具有一定的观赏性。

玉衣上的玉片有2600多块，有长条、三角、半圆、橄榄等形状。玉片的形制也十分复杂，玉璧呈对称分布，镶嵌在菱形玉片之中。头顶用璧形玉片，头部其余地方用梯形玉片；眼睛用的是橄榄形玉片；鼻子用梯形玉片和半圆形玉片；下颌用月牙形玉片；肩部用三角形玉片。

必看国宝

上衣前片
脸盖
拇指
裤筒
鞋子
手套
袖筒
头罩

银缕玉衣
东汉
南京博物院藏

魏文帝曹丕即位后，他发现民间有不法分子为谋求钱财，去盗掘陵墓，出现了尸骨被弃荒野的凄惨景象。曹丕认为使用玉衣是“愚俗所为也”，于是便下令废除了以玉衣随葬的制度。所以在之后的考古发掘中，再也没有发现过东汉后的玉衣。

银缕玉衣（局部）

权信之宝
“广陵王玺”金印

中国印章历史悠久，早在战国时期人们就已经开始用印了。到了汉朝，国家建立了规范的玺印制度。汉朝的皇帝分封了许多的诸侯王，诸侯王的玺是什么样子的呢？或许收藏于南京博物院的东汉“广陵王玺”金印能告诉我们答案。

南京博物院镇院之宝 >>>>>>>
是迄今发现的唯一一枚汉代诸侯王金印。

方寸之印

南京博物院收藏的这枚“广陵王玺”金印，于1981年江苏扬州甘泉二号汉墓附近出土，虽然器形很小，但该印由高纯度黄金制成，纹饰精美。上面是龟形钮，龟首扬起、龟足撑地，颈部半伸半缩，龟背有蜂窝状回纹图案，龟身边缘和四足装饰圆珠纹。印文为阴刻篆书“广陵王玺”，印文分布流畅和谐，字形坚挺饱满。

甘泉二号汉墓中出土文物上有“山阳邸”和“建武二十八年造”等铭文，其中“建武”是东汉光武帝的年号，而汉光武帝之子刘荆于建武十七年（41）被封为山阳王。汉光武帝死后，汉明帝即位，刘荆发动反叛未成，永平元年（58）被汉明帝徙封为广陵王。由此便可以确定墓主人的身份为刘荆。

甘泉汉墓虽然被盗，但是“广陵王玺”金印出现在墓葬附近，它应该也是此墓中的陪葬品之一。

重 123 克

『广陵王玺』金印
东汉
通高 2.1 厘米，边长 2.3 厘米，厚 0.9 厘米。
南京博物院藏

汉代诸侯王玺也叫『方寸之印』，因为汉代的一寸就是现在的 2.3 厘米，和『广陵王玺』金印的边长一致。

印的规制很严格

汉代在册封诸侯王时，对授予的印章设计极为考究，具体体现在印章顶端的钮饰上，各地诸侯王的钮饰各具特色。具体而言，位于东南地域的诸侯王，其印章常配以蛇形钮；北方诸侯王的印章则普遍采用羊钮；至于西北边陲的诸侯，其印章钮饰则多为驼形。这些设计精妙地融合了各地独特的自然风貌与文化特色。

然而，在众多诸侯王之中，唯有汉室直系的刘姓诸侯王的印章采用了最为尊贵的龟钮。龟在中国传统文化中一直是长寿、稳重与权力的象征。因此，龟钮的使用不仅彰显了刘姓诸侯王至高无上的地位，也体现了汉代皇室对于分封制度的严谨规划与等级森严的礼制观念。

• 中日友好的见证

1784 年，日本九州福冈的农民在整修水渠时，挖到一枚蛇钮金印，上刻文字为“汉委奴国王”。据《后汉书》记载，建武中元二年（57），倭奴国（今日本）奉贡朝贺，东汉光武帝赐一枚金印请使臣带回给国王。

“汉委奴国王”金印与“广陵王玺”金印，两者制作时间仅差一年，均采用了精湛的阴刻篆文技艺，在印章的形式、大小、重量、装饰花纹上均展现出惊人的相似性。这种高度的相似性有力地支持了古代典籍中记载的关于中日之间友好交流的历史事实，展现了两个国家在东汉时期的深厚友谊与文化互动。

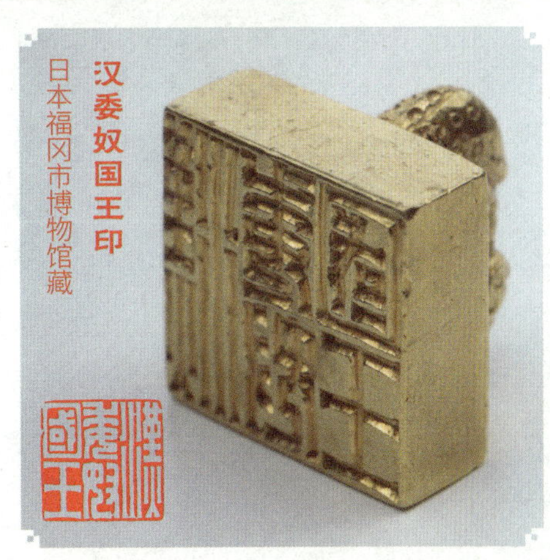

汉委奴国王印
日本福冈市博物馆藏

错银铜牛灯

来自东汉的环保灯具

必看国宝

灯盖
灯罩
导烟管
短管
灯钮
灯柱
把手
灯盘
牛形灯座

错银铜牛灯
东汉
通高 46.2 厘米
身长 36.4 厘米
南京博物院藏

铜灯的底座、灯罩、导烟管三个部分可以随意拆卸。

灯是我们常见的照明工具，然而在没有电的古代，照明用的灯和我们今天用的灯可是有着很大的区别。为什么一盏灯能够成为南京博物院的镇院之宝呢？

光照千年

1980 年江苏扬州甘泉二号汉墓出土的错银铜牛灯，由底座、圆筒形灯罩和导烟管构成，底座是一只铜牛造型，非常生动。铜牛灯的底衬纹饰有流云纹、三角纹、螺旋纹等图案，在底衬纹饰上又分别饰以龙、凤、虎、鹿等各种珍禽异兽，线条行云流水，飘逸生动。

灯罩底部是一个圆形的灯盘，在灯盘的一侧铸有一只扁平把手，便于转动灯盘，调节灯罩的方向。灯罩上有菱形斜方格的镂空花纹，灯光透过这些镂空射出，同时灯罩随着把手的转动，兼具散热、挡风和调光的功能，展现出古代工匠卓绝的创造力。

考古出土的实物表明，灯具在汉代的使用已经非常普及。而汉代的灯具主要的特点和成就是：

① 既美观，又环保。兼具艺术性和实用性。

② 多枝灯具的流行。一个灯座上支撑着几个或几十个高低错落的灯盏。

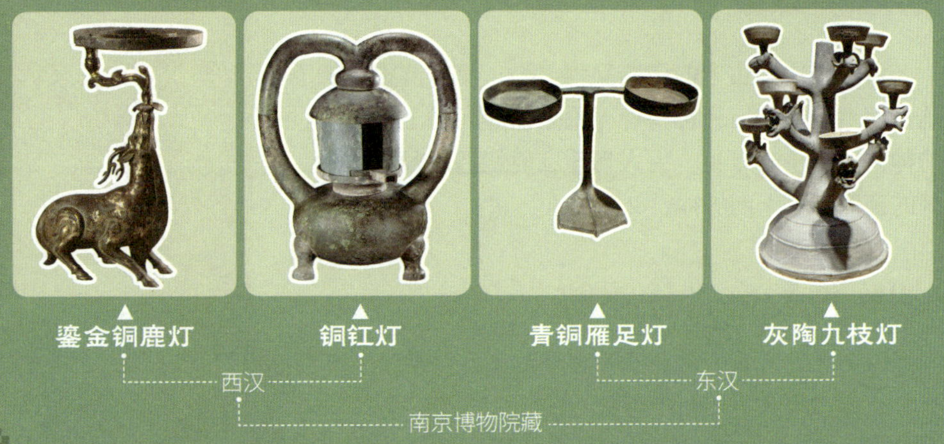

鎏金铜鹿灯　铜釭灯　青铜雁足灯　灰陶九枝灯

西汉　东汉

南京博物院藏

先进的环保理念

到了汉代，中国灯具制作达到了一个新的高度，除了考虑美观，还更注重灯具的实用意义。错银铜牛灯的灯座、灯罩之间是一根细长弯曲的铜管，铜管从灯盖顶部伸出，一直延伸至铜牛的头部。铜灯的灯座、灯罩以及这根铜管都是空心的，铜管将底座和灯罩这两个相对闭合的空间连接起来。使用时在灯座内盛放水，当灯火在灯罩内燃烧时，所产生的烟尘通过铜管导入灯座，被铜牛腹腔中的清水溶解，从而减少了烟尘对室内环境的污染，保证了空气的清新。

彩绘雁鱼青铜釭灯
西汉
中国国家博物馆藏

•细节体现“以人为本”的理念

汉代的书桌一般高 40 厘米左右，铜牛灯放在书桌上，火焰的高度会在 70 厘米左右，与跪坐在书桌旁的人眼睛高度相近。当使用者在书桌上办公、写字时，灯光既可以照亮桌面，又不会刺眼。而且两片灯罩自由开合，既可以挡风，又能够调节灯光亮度和光照方向，将灯具的实用性与装饰性合二为一。

千古怪兽，镇墓驱邪
青瓷神兽尊

青瓷是中国古老的瓷器品种之一，南京博物院的这件西晋时期的青瓷神兽尊无论是器形还是上面装饰的神兽，都十分罕见。古人为什么要烧造这种特殊样式的瓷器呢？上面的神兽又有什么寓意？

考古人员在周鲂墓中发现了刻有“永宁二年”铭文的墓砖；在青瓷神兽尊底部刻有“东州”二字，这应该是烧制该器物的窑名。这两处宝贵的信息为后人研究西晋历史提供了珍贵的实物例证。

陪伴主人的“丑憨憨”

1976 年，考古人员在江苏宜兴发现了一处古代墓葬，经考古团队的发掘、研究，证实这 6 座墓葬是西晋时期的周处家族墓地。墓主人分别是周处、周宾、周靖、周鲂（fáng）、周玘、周勰（xié）。其中，周处墓规模最大。遗憾的是，6 座墓早年全部遭到盗掘。

虽然 6 位墓主人中，周处的名声最大，但是考古人员却在其父周鲂墓中发现了最珍贵、最有价值的文物——青瓷神兽尊。青瓷神兽尊最大的特点是尊和兽浑然一体，神兽夸张的表情中透露出几分神秘。

2013 年被列入第三批禁止出国（境）展览文物名单。

•周处除三害

传说，周处年轻时在乡里是臭名昭著的人物。有一天，周处问乡里的长辈：“现在时局平和，为什么大家还不高兴？”长辈说：“因为三害未除。”周处又追问是哪三害，得到的答案是：南山白额虎、长桥下蛟龙和他自己。周处听后去杀死了猛虎和蛟龙，并决定改过自新，变得励志好学。

青瓷神兽尊

西晋

高 27.9 厘米，口径 13.2 厘米，底径 16 厘米。

1976 年江苏宜兴周墓墩周处家族墓 4 号墓出土

让妖怪都害怕的神兽

周鲂是三国时期吴国的将领，他的儿子周处为了表达对父亲的一片孝心，特意为父亲烧制了这样一件陪葬品。古人在墓中设置镇墓兽是为了驱除凶邪、震慑鬼怪，以庇佑死者的灵魂，所以镇墓兽的形象大多恐怖怪诞。

穷奇

这件青瓷神兽尊上的神兽很像一种名叫“穷奇”的古代神兽。在中国古代神话传说中，上古时期有四大凶兽——饕餮、混沌、穷奇和梼杌。据《山海经·西山经》的记载，穷奇长得像牛，叫声像狗，全身有粗硬的鬣毛，还有一条像狐狸一般拖在地上的长尾巴。但有关穷奇的具体形象，不同文献的记载也有所不同。

此外，有关神兽形象还有貔貅和蟾蜍的说法，至今还没有定论。

木雕髹金漆镇墓兽 › › › › ›

东周

高 57.5 厘米

美国弗利尔美术馆藏

• 古代的镇墓兽

镇墓兽是我国古代墓葬中常见的一种怪兽，有兽面、人面、鹿角，是为镇墓辟邪、保护死者灵魂不受侵扰而设置。镇墓兽最早见于战国时期，流行于魏晋至唐代，五代以后逐渐消失。

砖画也玩“穿越”

竹林七贤与荣启期砖画

近300块砖错落有致地排列，缓缓铺陈出一幅遥远时代的画卷。它们生动诠释了那些隐逸于竹林深处，言谈举止超凡脱俗，而行为中又透露出不羁之风的灵魂人物——“竹林七贤”。

来自魏晋时期的拼图

《历代名画记》所记录的南朝画家中，顾恺之、陆探微、毛惠远等名家都画过以“竹林七贤”为主题的画作。

1960年江苏南京西善桥宫山大墓出土的这幅竹林七贤与荣启期砖画，便是工匠把大师的笔迹翻制成模，令轻柔的画卷跃上坚硬的砖面，烧制出近300块“拼图”，并按照位置编号，最终镶嵌在

竹林七贤与荣启期砖画

南朝

一组长242.5厘米，二组长241.5厘米。

南京博物院藏

国宝必看

嵇康（223—262）

嵇康对司马氏篡位、诛杀异己的做法不满，司马氏掌权后他隐居不仕。后来被司马昭处死。

阮籍（210—263）

阮籍崇奉老庄之学，与嵇康齐名。阮籍还是一位音乐大师，被誉为“正始之音”的代表。

山涛（205—283）

山涛，字巨源。司马氏执政时，山涛出仕，嵇康愤怒中写下《与山巨源绝交书》。

王戎（234—305）

王戎善清谈，《晋书》记载，八王之乱时，王戎面对叛军临危不乱，谈笑自若，“未尝有惧色”。

- **1960 年**
  宫山大墓出土《竹林七贤与荣启期砖画》，中国第一次发现南朝大型拼接镶嵌画墓。
- **1965 年**
  丹阳仙塘湾墓，出土多幅模印砖画，包括半套《竹林七贤与荣启期砖画》。
- **1968 年**
  丹阳吴家村墓、金家村墓，出土《竹林七贤与荣启期砖画》。
- **2010 年**
  南京石子岗南朝砖印壁画墓中出土《竹林七贤与荣启期》画像砖，但散乱不成套。

墓葬的墙壁上，使前朝贤者与今世名流共处一室。令人惊叹的是，这幅深埋在建康城外的砖画，竟与那些遥不可及的名家真迹最为贴近。

驻足于这面砖壁之前，仿佛能穿越时空的壁垒，感受到一股山风轻拂面颊，那是画中景致所蕴含的自然气息，穿越千年，让人心生无限遐想。

跨越七百年的相见

竹林七贤与荣启期砖画用飘逸流畅的线条生动地勾勒出 8 位人物——魏晋之际的“竹林七贤”和春秋时期的隐士荣启期。这是存世最早的“竹林七贤”群像（在此之前，“竹林七贤”的名号只存在于历史记载中）。这一考古发现，让我们有幸能看到存世最早的“竹林七贤”群像。

首批禁止出国（境）展览文物 / 南京博物院镇院之宝

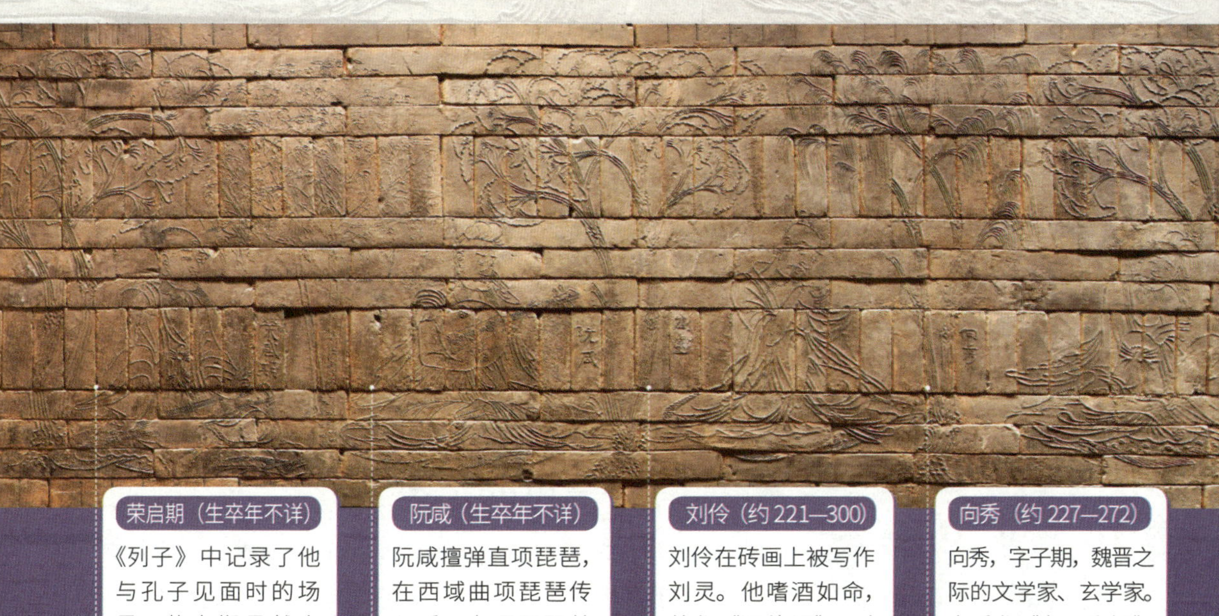

荣启期（生卒年不详）
《列子》中记录了他与孔子见面时的场景，荣启期虽然衣衫褴褛，但仍在弹琴唱歌。

阮咸（生卒年不详）
阮咸擅弹直项琵琶，在西域曲项琵琶传入后，直项琵琶就改称“阮咸”了。

刘伶（约 221—300）
刘伶在砖画上被写作刘灵。他嗜酒如命，曾作《酒德颂》，对传统礼法表示蔑视。

向秀（约 227—272）
向秀，字子期，魏晋之际的文学家、玄学家。向秀作《庄子隐解》，解释玄理，对玄学的盛行起到了推动作用。

南京博物院镇院之宝

双鱼呈祥，三彩耀世

唐三彩双鱼瓶

“双鱼出水，识扬州故梦；三彩清灵，扬洛邑之风！”这句话说的正是这件形象逼真、栩栩如生的唐三彩双鱼瓶。

三彩釉色衬托下流光溢彩的灵动双鱼，犹如一把钥匙，开启了尘封千年的历史大门，似乎将昔日扬州的繁华盛景带到了世人面前，难怪白居易有诗赞曰：“何如家酝双鱼榼（kē），雪夜花时长在前。”

唐三彩双鱼瓶
唐
腹径 11.2 厘米，高 23 厘米
南京博物院藏

无论从哪个角度看这件双鱼瓶，都是两条鱼的造型。

必看国宝

极具南方特色的造型

1975 年江苏扬州扫垢山遗址出土的这件唐三彩双鱼瓶，展现了古代工匠超凡的艺术创造力。与北方地区常以骆驼为原型的唐三彩作品不同，这件双鱼瓶选择了南方常见的动物——鱼，作为瓶的外形。

经专家研究发现，这件唐三彩双鱼瓶上的鱼是鲤鱼的形象，瓶体巧妙地做成了两条腹部相向而游的鱼的形态，鱼嘴自然衔接成为瓶口；鱼的双脊化作双耳，既为装饰，又可以用来挂绳；而鱼尾则优雅地弯折，构成了瓶底。鱼身之上，细腻的纹饰栩栩如生，仿佛能窥见水下世界的斑斓多姿。瓶身覆盖着黄、绿、褐色釉彩，色彩相互渗透交融，犹如天边绚烂的晚霞。

双鱼瓶也叫双鱼榼，是流行于唐宋时期的一种盛酒器。在鱼形瓶身上涂抹绿釉以表现勃勃生机，另外在上面点抹黄色釉料，使鱼的形象更加逼真。

连年有“鱼”的心愿

新石器时代，文字出现之前，先民们就以图案来装饰日常器具了，鱼纹图案便是其中之一。鱼作为先民们重要的食物来源和多子多福的象征，表达了他们对生活的美好向往。

在唐代，鱼的象征意义进一步丰富。唐代官员进出宫门时须佩戴鱼符作为凭证，这使得鱼符成为官员身份的标志。鲤鱼的“鲤”与唐朝皇室“李”姓谐音，因此鲤鱼成了富贵、和谐的象征，在唐代备受推崇。而且鲤鱼不仅是吉祥的装饰，道教还将其视为圣物。所以，唐三彩双鱼瓶不仅反映了当时的人们对吉祥寓意的追求，也是唐代文化和信仰的体现。

仅有三件的双鱼瓶

SHUANGYUPING

目前国内出土的唐三彩双鱼瓶一共有三件，除南京博物院所藏的这件之外，还有两件分别出土于陕西西安和山东青州。

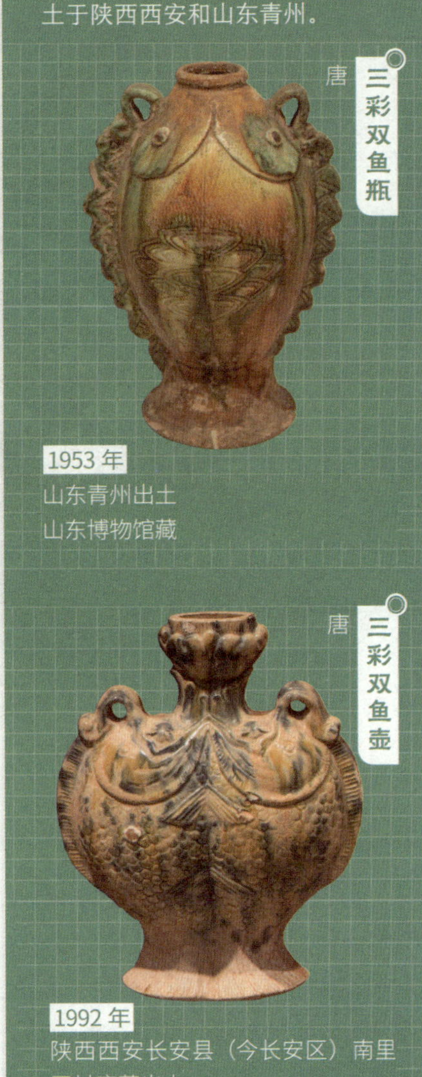

唐 三彩双鱼瓶

1953年

山东青州出土

山东博物馆藏

唐 三彩双鱼壶

1992年

陕西西安长安县（今长安区）南里王村唐墓出土

陕西省考古研究院藏

时间针脚上绽放的中式浪漫

必看国宝

满池娇金霞帔坠

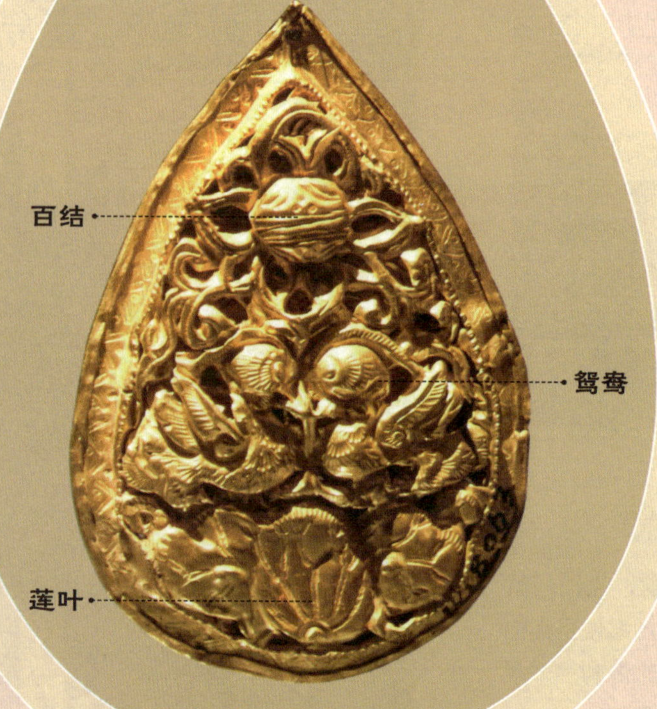

元代满池娇金霞帔坠主体为水滴形造型，表面刻有镂空荷花、鸳鸯纹饰。

霞帔（pèi），得名于其色彩绚丽如霞，亦称为“霞披”。最早在南北朝时期出现，后在隋唐时期流行起来。到了宋朝，霞帔被正式纳入礼服之列，成为命妇礼服。

环佩叮当

1959年江苏苏州吕师孟墓出土的霞帔坠，亦称金香囊，其形状仿若鸡心，精巧雅致。霞帔坠的顶部有一小洞，以系于霞帔之下。霞帔坠的材质多为金、银、玉等，质地贵重，本身有一定的重量。女子在行走时，霞帔坠可以确保霞帔不乱。起身落座之际，霞帔坠紧贴衣裳，自然垂落，更添女子举手投足间的高贵与端庄，尽显大家风范。

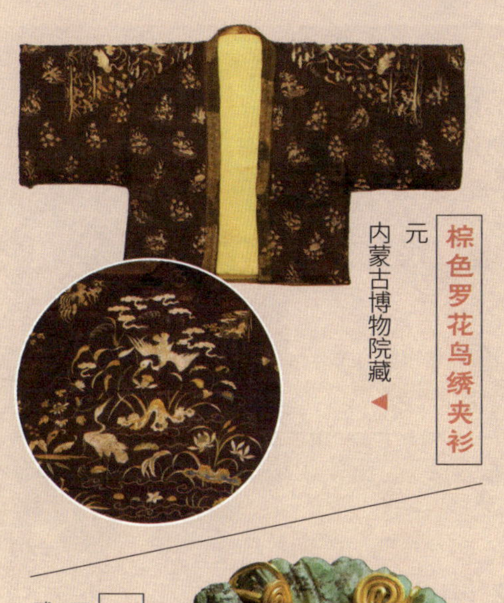

元 棕色罗花鸟绣夹衫
内蒙古博物院藏

元 鸳鸯戏莲金簪
武汉博物馆藏

元 景德镇窑青花鸳鸯荷花（「满池娇」）纹花口盘
故宫博物院藏

元 青花松竹梅纹八棱罐
辽宁省博物馆藏

• 古代的“三金”

南宋吴自牧所著《梦粱录》中描述，“嫁娶聘礼，富贵之家当备三金送之，金钏、金镯、金帔坠者是也”，可见霞帔坠这一物件在当时的婚嫁首饰中的重要程度。

鸳鸯莲池纹

“满池娇”图案也称鸳鸯莲池纹，被认为是元明清时期的代表纹饰之一，常见于织品服饰和金银器、瓷器上。元朝曾明文规定“满池娇”为贵族专用的纹饰图样，普通百姓禁止使用。

“满池娇”最初见于南宋时期的文献，用来描述一种织绣图案。南宋作家吴自牧在《梦粱录》中写到了“挑纱荷花满池娇背心儿”。南宋黄昇墓中出土的褐色罗织抹胸也采用了类似的设计，与吴自牧的记述相符。

在元朝，“满池娇”不仅作为贵族服饰上的刺绣图案广受欢迎，而且也是元代青花瓷器装饰图案的一种。元青花上的莲池鸳鸯小景为元代独有，具有鲜明的时代特征。

在不同时代，人们赋予“满池娇”不同的意蕴，但同一时代中的“满池娇”又能集百工之巧，用不同材质演绎永恒经典的图案，实在值得后人细细品味。

瓶中岁月长

釉里红三友带盖瓷梅瓶

梅瓶是中国古代瓷器中常见的样式，因其外形修长秀丽而成为典雅的陈设品。釉里红是元代创烧的一种瓷器品种，在烧造初期，由于窑火温度不好掌握，釉里红成品率很低，数量也少，因此十分珍贵。

瓷器研究专家许之衡说：“口径之小，仅与梅之瘦骨相称，故名梅瓶。”

地位显赫的主人

这尊釉里红岁寒三友带盖瓷梅瓶于1957年3月在江苏南京东善桥响龙山出土，根据墓志可知墓主人是明代驸马都尉宋琥和夫人安成公主。宋琥是明代开国功臣宋晟的次子，而安成公主是明成祖的女儿。

南京博物院所藏唯一一件带盖且造型完整的洪武釉里红梅瓶。

釉里红三友带盖瓷梅瓶

明
口径 6.4 厘米
瓶高 35.8 厘米
南京博物院藏

梅瓶腹部描绘的图案是“岁寒三友”，即竹子、松树和梅花。竹子挺拔清秀，松树苍劲有力，梅花迎风绽放，这三种植物都不畏严寒，因此古人认为它们代表着高洁的品质。这尊梅瓶上除了“岁寒三友”之外，还别具匠心地在其间装饰有芭蕉，使画面更加美观对称。

•酒香到花香

梅瓶是一种兼具实用性和观赏性的器具，流行于宋、元、明、清时期。在宋代最常见的功能是用来盛酒；元代时，梅瓶的上腹饱满、器形高大，还出现了以青花为装饰的品种；明代是梅瓶烧造的高峰，早期仍作为酒器使用，但是在永乐至崇祯年间则作为贵族的陪葬物，成了一种身份的象征；到清代，梅瓶的功能已经不再是酒器，而变成了一种用于赏玩的陈设器。

文会图（局部）
北宋
赵佶

宋琥和安成公主

永乐元年
（1403）
宋琥和安成公主成婚。

永乐六年
（1408）
宋琥继承了父亲的爵位，镇守甘肃。

永乐十年
（1412）
宋琥以皇亲的身份祭祀明孝陵。

洪熙元年
（1425）
宋琥遭人弹劾，被削去爵位。

宣德五年
（1430）
宋琥去世。

正统八年
（1443）
安成公主病逝，二人合葬于东善桥。

瓷中贵族釉里红

釉里红瓷器最先开始烧造于元代景德镇，它是在白色瓷胎上用含铜的颜料描绘图案，然后再涂上一层透明釉，最后在1300℃左右的窑火中焖烧而成。由于氧化铜在高温下呈现出红色，釉里红因此而得名。釉里红瓷器以颜色鲜红为上品，然而这种瓷器对烧制温度要求非常严格，允许的温差大约只有10°C。窑温一低，图案的颜色就变得发黑；窑温高了，颜色就没有了。当时没有温度计，窑工只能凭经验来判断窑火的温度，只有经验丰富的窑工才能掌握火候。

釉里红寿石花卉纹大瓷盘

南京博物院藏

窑火不熄，云烟袅袅千年

青花寿山福海纹瓷香炉

青花寿山福海纹瓷香炉
明
高 58.5 厘米，口径 38 厘米。
南京博物院藏

必看国宝

盘口

据说手感略有凹凸

不同角度看有金属光泽

象腿形足

明成祖，年号永乐（1403—1424），在位 22 年。他即位后，励精图治、奋发有为，迁都北京，亲征漠北，社会经济进一步发展，全国统一形势也得到进一步巩固，明朝国力达到鼎盛，百姓安居乐业。郑和下西洋、编纂中国古代类书之冠《永乐大典》等一系列重大历史事件都发生在这一时期。

御朝时将其放在御座前，有一统江山、永保社稷、江山安定的寓意。

同款香炉仅存两件，分别藏在故宫博物院和南京博物院。

青花瓷的盛行改变了以青瓷为主的局面，成为明清时期中国瓷器发展的主流。

永乐时期的重器

南京博物院所藏这件青花寿山福海纹瓷香炉，下承以三只象腿形足，肩部置两朝天耳；内施白釉，外壁通体绘海水江崖纹。香炉体形硕大，青花色泽浓艳，晕散明显，凝结的黑斑密布于纹饰中，纹饰寓意江山永固。能够烧造出如此结构雄浑、纹饰精美的重型瓷器，一方面反映出当时景德镇官窑窑工高超的制瓷技艺，另一方面也彰显了永乐时期明朝强盛的国力。

青花寿山福海纹瓷香炉是明代永乐时期景德镇御窑厂生产的瓷器。据研究人员推测，当时御窑厂先后烧制了三件款式相同的香炉，一件因其烧成后炉身变形被打碎埋于地下，另两件则送入宫廷。

值得一提的是，海水纹在元代瓷器上已不鲜见，但到明初永乐、宣德时期，海水纹有了进一步发展。当然，海水纹饰的流行一时，与郑和七下西洋的空前壮举也有密切联系。

仿青铜鼎形制，意为定鼎天下

白面釉

朝天耳

朵云状雕件

蓝地白花

青花发色浓重

寿山福海纹（海水江崖纹）

波涛汹涌的海浪

独领风骚的青花瓷

永乐时期景德镇青花瓷烧成后的颜色特别浓艳，形成了独特的永乐风格。郑和下西洋带去大量的瓷器，其中永乐青花以其独特的风格受到西方市场的青睐。

从永乐三年（1405）开始，一直到宣德八年（1433），明朝先后七次派出郑和率领船队出使“西洋”和“南洋”地区的各个国家。这让明初期中断的海外贸易再次接续起来，使得中国的茶叶、丝绸、瓷器等特产远销国外，同时也与外国互通有无，进口货物中就包括了生产景德镇青花瓷的原料——“苏麻离青”。

永乐青花瓷是中国青花瓷史上的重要发展阶段，是中国瓷器发展史上的一个里程碑。

• 远道而来的“苏麻离青”

永乐时期青花瓷的颜料，有“苏麻离青”“苏勃泥”“苏泥勃”等说法。有学者通过科技手段做了分析，认为“苏麻离青”和“苏勃泥”是两种不同的材料，前者来源于西亚波斯地区，主要是元青花和永乐青花的颜料；后者是明宣德后期青花瓷的颜料。《明会典》和《明实录》中常有西域进贡“苏麻离青”以供烧制御用青花瓷的记载。

青花海水纹香炉 明

口径 37.3 厘米，高 55.5 厘米

故宫博物院藏

金翅大鹏鸟

龙女

摩羯鱼

狮羊立兽

白象王

琉璃塔拱门上刻有藏传佛教经典的六拏（ná）具形象，即以六种动物象征组成的法相装饰。

必看国宝

中国之大古董，永乐之大窑器。

大报恩寺琉璃塔拱门

明

南京博物院藏

建筑的奇迹

大报恩寺琉璃塔拱门

丹麦作家安徒生的《天国花园》里有一段关于中国宝塔的描写——“我在瓷塔周围跳了一阵舞，把所有的钟都弄得叮当叮当地响起来！”这座塔就是南京的大报恩寺琉璃塔。

明成祖修建大报恩寺

永乐十年（1412），明成祖为报答父母的养育之恩，下令重建毁于元代的南京天禧寺。新建的寺院完全按照皇宫的标准来营建，内有殿阁 20 多座，画廊 118 处，经房 38 间，征调工匠 10 万多人，耗费 250 多万两白银。寺院在永乐二十二年（1424）修建完成，明成祖赐名为“大报恩寺”。

明代戏曲家汤显祖作《登报恩塔归骑望塔灯》“表里山川尽，胜寄烟云惬。江光日气饮，世界空明摄”，来表达他登上大报恩寺琉璃塔后的震撼。

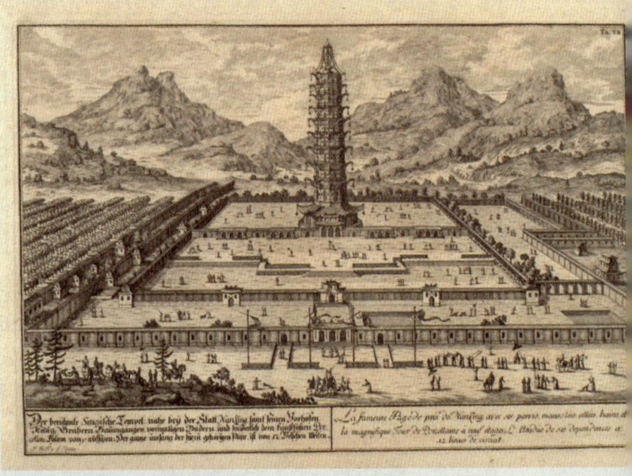

《南京瓷塔》绘画

[荷兰] 约翰 · 尼霍夫（原绘）

明清时期，一些欧洲商人、游客、传教士来到南京，将琉璃塔称为“南京瓷塔”。顺治十三年（1656），尼霍夫作为素描画家随团队来中国访问，到南京参观了大报恩寺琉璃塔。但是他在图中错误地将塔画成了 10 层。

流光溢彩琉璃塔

大报恩寺落成后，迅速成为江南的佛教中心，吸引大量信众前来朝圣。大报恩寺的标志性建筑——大报恩寺琉璃塔，塔身高达 78.2 米，相当于现今 26 层楼的高度，外表装饰以五彩琉璃砖，气势恢宏，是当时去南京必去的“旅行打卡地”之一。琉璃塔的塔座为五色莲台，塔身共 9 层，呈八边形结构，每一层、每一面的塔壁上都设有一座拱门，拱门面以五色琉璃镶嵌，并饰以金翅大鹏鸟、龙女、摩羯鱼、狮羊立兽、白象王及花卉等精美图案，造型极其华丽。

琉璃塔塔顶有黄金制成的宝顶，塔顶和每层飞檐下都悬挂风铃，清风拂过，铃铛就会发出悦耳的叮当声。塔内还安置有 140 多盏长明灯，由百余位僧人负责维护，以确保灯火永不熄灭。

大报恩寺琉璃塔复原图

琉璃塔是如何制成的?

琉璃塔的构件以陶土为胎，经过1200°C的高温烧制后，在表面涂上金属含量不同的釉，然后再送入800°C的低温窑中烧制，最终才能烧制完成。

残留的拱门

令人遗憾的是，大报恩寺没能逃过战火的劫难。1856年太平天国爆发天京事变，大报恩寺塔被北王韦昌辉下令炸毁。琉璃塔轰然倒塌，化作一堆瓦砾。那我们现在看到的这座拱门又是怎么留下的呢?

相传，当初在修建大报恩寺塔时，一共烧制了三套完整的塔身构件，一套用于施工，两套埋于地下，用于之后的维修。这座留下的拱门，便是两套备用拱门中的一座。从这座精美的拱门上，我们仿佛能够看到昔日的工匠们是如何认真地对待每一处细节的。

位于大殿后的大报恩寺琉璃塔建造于永乐十年（1412），宣德三年（1428）修建完成，由时任南京守备的航海家郑和督造。

大报恩寺琉璃塔被誉为『天下第一塔』。

大报恩寺位于秦淮河畔的长干里，原址为南朝时期的长干寺。

新建成的大报恩寺塔

宝塔新生

2007年，南京市开展了大报恩寺遗址公园的建设项目，并计划重修大报恩寺塔。2008年，在对塔基进行考古挖掘时，发现了北宋年间的长干寺地宫，并在其中找到了一件含有佛顶骨舍利的铁函。同时，还出土了包括鎏金七宝阿育王塔在内的超过2万件珍贵文物。

2012年，新大报恩寺塔的建设工作正式启动。2014年3月，采用轻钢结构和玻璃制成的大报恩寺塔主体建筑竣工，新塔的外立面采用了玻璃幕墙。

知识拓展

中国的传统建筑——塔

塔的基本形态由塔刹、塔身、塔基、地宫几部分组成。

塔是中国传统建筑中一种特殊的建筑形式，起源于印度，随着佛教的传入而在中国兴起。塔本来用作佛教僧侣的埋骨地，但在中国发展出了多种样式和功能，所用的材质也从夯土、木材扩展到金属、砖石、陶等。塔与中国传统建筑形式和民族文化相结合的过程，也是外来文化不断中国化的过程，在这期间，中国塔从无到有，不断发展、变化。

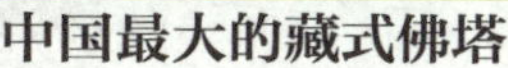

中国最大的藏式佛塔

妙应寺白塔位于北京市西城区，建于元至元八年（1271），高 50.86 米。白塔是典型的藏式砖塔，由塔座、塔身、相轮、华盖、塔刹 5 部分组成。

中国最早、最高的琉璃砖塔

开宝寺琉璃塔位于河南开封，塔高 55.88 米，仿砖木结构。塔身镶嵌有红、蓝、绿等颜色的琉璃砖，通体呈红褐色，远看像铁铸的一样，所以也被称为“开封铁塔”。

中国现存最早的木塔

应县木塔位于山西应县，塔高 67.31 米，建于辽清宁二年（1056），是中国现存历史最悠久、最高大的纯木结构楼阁式建筑。

中国现存最早的佛塔

嵩岳寺塔位于河南嵩山南麓，建于北魏正光年间，是中国现存最早的佛塔。嵩岳寺塔高约 40 米，塔身中空呈筒状，平面呈十二边形，墙体厚约 2.5 米，塔身以上共 15 层密檐。

万国乾坤一纸图
坤舆万国全图

意大利传教士利玛窦于万历十年（1582）第一次来到中国。在之后的20多年里，利玛窦先后到过澳门、南京、北京等地，他借助西方新鲜事物，吸引好奇的中国人。他带来的地图，让当时的人眼界大开。在中国，利玛窦在译员的帮助下绘制了10余幅世界地图，《坤舆万国全图》就是其中的一幅。

第一张将中国绘在世界中心的地图/南京博物院镇院之宝

左侧

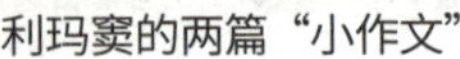
利玛窦的两篇“小作文”

左侧 文章题目为《论地球比九重天之星远且大几何》。利玛窦在论述中多次使用“地球”一词，这也是汉语中“地球”的首次出现。

右侧 讲述了地球的基本知识，包括赤道、南北极以及五大洲概念等。

坤舆万国全图
明
［意大利］利玛窦
南京博物院藏

图的开头有用毛笔题写的图名“坤舆万国全图”。古人把地图称作舆图，所以《坤舆万国全图》就是今天所说的世界地图。

意大利传教士

16、17世纪，一批外国传教士来到中国，在中国开展传教活动。为了达到传教的目的，传教士们以介绍科学知识作为切入点，广交中国官员和社会名流。

万历十年（1582），利玛窦从意大利来到中国。他学习儒家礼仪，阅读中国文学、钻研中国典籍。他不仅向中国人介绍西方的科学知识，也向欧洲介绍中国国情。

万历三十年（1602），利玛窦绘制了中文版的世界地图——《坤舆万国全图》。《坤舆万国全图》的刻本已失传，现仅存万历三十六年（1608）的宫廷彩色摹本。

《坤舆万国全图》共有六屏。整幅地图分为三大部分：第一部分是主图，也就是世界地图；第二部分是天文图和地理图；第三部分是解释说明的文字。

坤輿萬國全圖

右侧

纵 1.92 米

横 3.8 米

400 年前的世界地图

《坤舆万国全图》中用中文标注了1114个地名，绘有9艘帆船，海域中有鲸鱼、鲨鱼、海狮等，陆地上则描绘了犀牛、大象、狮子、鸵鸟等动物。

这幅彩色世界地图让当时的中国人感到很新鲜，山脉用淡绿色勾勒，海洋用深绿色画出水波纹，地图上用不同颜色标出五大洲，其中就包括当时刚发现的南极洲。但图中没有标注澳大利亚，这是因为还没有发现大洋洲。虽然现在看来，《坤舆万国全图》中有不少明显的错误，但它仍代表了当时地理学和地图学的最高水平。

地图的空隙被利玛窦密密麻麻写满了说明，比如他写自己的老家意大利是“此方教化”。

金玉的千年浪漫
金蝉玉叶饰件

金蝉玉叶饰件

明

长 5.3 厘米，

重 4.65 克

南京博物院藏

必看国宝

“锵洋鸣玉佩，灼烁耀金蝉”，古人最爱用“金玉同框”来打造首饰。2007 年，经专家挑选和民众投票，评出了南京博物院的镇院之宝，其中一件就是——金蝉玉叶饰件。

寄托主人美好愿望

蝉俗称“知了”，“知”与“枝”同音，所以“金蝉玉叶”也有“金枝玉叶”的意思。金枝玉叶原指珍奇的树枝树叶，后泛喻出身高贵的人，后多指女子出身富贵之家。

蝉脱壳再生的生命历程被古人所崇拜，所以蝉在玉器、铜器、冠饰、带钩上都有出现，古代还将玉蝉作为葬玉含在死者口中。

金蝉玉叶

作为发饰，发簪在明朝时发展至鼎盛。明朝女性发式最显著的特点，是插戴大大小小的发簪来装饰假髻。发簪根据样式和插戴位置的不同可分为掩鬓、满冠、分心、挑心、啄针、花钿等。

知识拓展

闺房里的流行时尚

GUIFANG LIDE LIUXING SHISHANG

湖北省博物馆藏

金凤簪

湖北省博物馆藏

金累丝镶宝石青玉镂空双鸾鸟牡丹簪

明代的潮流单品

1954年，江苏省考古工作组在吴县（今江苏苏州吴中区）五峰山博士坞村发现了一组明代墓葬，在14号墓中发现了一件造型别致、金玉结合的工艺珍品——金蝉玉叶。

金蝉的含金量达95%，其通体金光闪亮，头部前伸，双眼凸起，以横、竖线条勾出头、颈；蝉身錾刻平行减地横凸纹8层，每层以无数竖直短线表现细部。蝉翼左右各两片，轻且薄，每翼上刻竖线，内翼大部分压在外翼之下。蝉足简化为三对，一对前足翘起，一对后足微微抬起。整个蝉体形象逼真，栩栩如生，仿佛随时可能振翅飞走。

这也是目前发现的唯一一件完整的金蝉玉叶发簪。

玉叶是用新疆和田所产羊脂白玉精工琢磨制成，晶莹润泽，呈半透明凝脂状，给人温柔细腻之感。叶片细薄，呈自然凹弧状，分为8瓣。叶片上有主脉一根、两边各有支脉4根，正面的叶脉琢成弧曲的凹槽，背面的叶脉相应磋成凸棱，使叶片颇具真实感，整片叶子的边缘圆润光滑，做工精致，技艺高超。

如何使金蝉和玉叶连成一个整体，这反映出当时工匠们高超的技艺。在玉叶中部有从正背两面对钻而成外大内小的圆孔，金蝉底部中间有一个金梗，将金梗插入玉叶中孔，两者就能组合在一起。

金钑花钏

湖北省博物馆藏

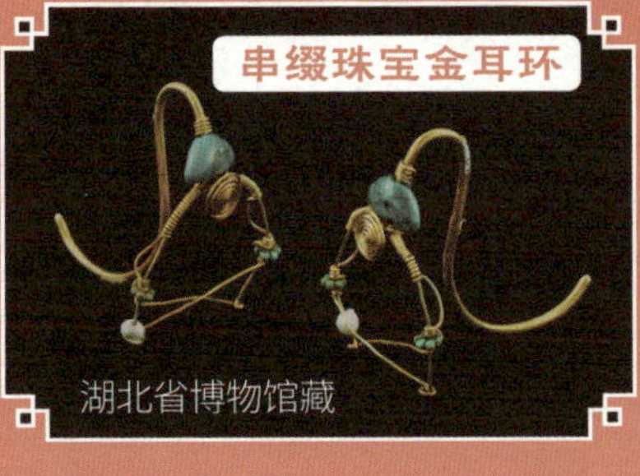
串缀珠宝金耳环

湖北省博物馆藏

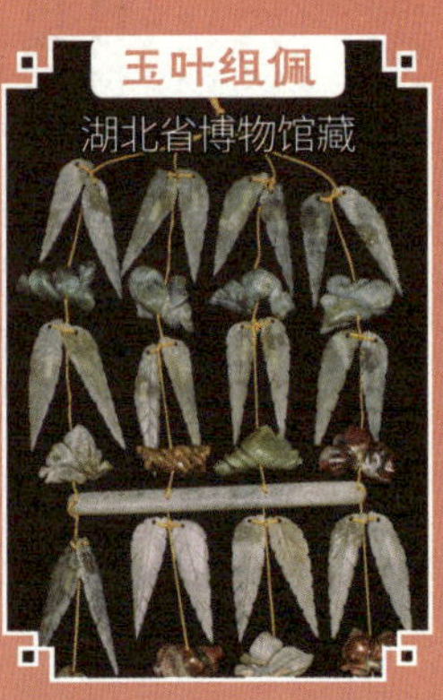
玉叶组佩

湖北省博物馆藏

泼墨大写意的典范之作

杂花图

《杂花图》是明代杰出画家、书法家和文学戏剧家徐渭创作的一幅绘画作品。画卷从右向左展开，绘制了13种植物，分别是牡丹花、石榴花、荷花、梧桐、菊花、南瓜、扁豆、紫薇、葡萄、芭蕉、梅花、水仙和竹子。多种植物绘制在同一幅画卷上，并没显得杂乱，反而每种植物都保持有自己的风格，将画面演绎得气势磅礴、别开生面。

杂花图
明
徐渭
纸本，水墨
纵 30 厘米，
横 1053.5 厘米。

必看国宝

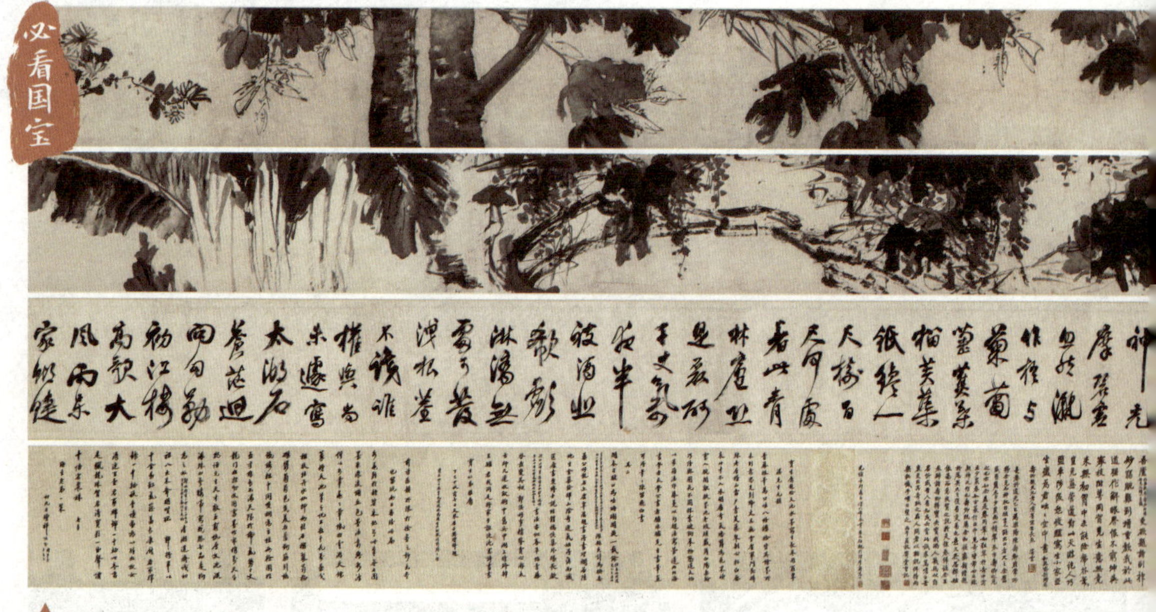

在当时，写意花卉是画家作画的主要题材之一，知名的画家如陈淳、沈周等也都有以花木为主题的画作，但将如此多的花木排列绘在一起的《杂花图》，在当时也并不常见。

闲抛闲掷野藤中

徐渭在《杂花图》中竭尽生动的描绘、精妙的笔墨、心中激荡的情绪，起承转合中仿佛一篇完整的乐章。他在《杂花图》中多选取日常常见的花草树木。对这些植物的观察和描绘，可以体现徐渭敏锐的洞察力。画卷中，梧桐占据篇幅最大，以它为分界线，梧桐之前为第一部分，牡丹花、石榴花、荷花各显风骚；第二部分，菊花、南瓜、扁豆、紫薇、葡萄、芭蕉摇曳生姿；第三部分中，梅花傲然绽放，但是后面的水仙和竹子却稍显敷衍，给人一种“画不下了，就到这里吧”的感觉。

徐渭

（1521—1593）

字文长，晚号青藤，山阴人。明代文学家、书画家、剧作家。

▶ **墨葡萄图** 故宫博物院藏

南京博物院镇院之宝中唯一一件书画藏品。郑板桥是徐渭的狂热粉丝，曾自称『青藤门下走狗』。

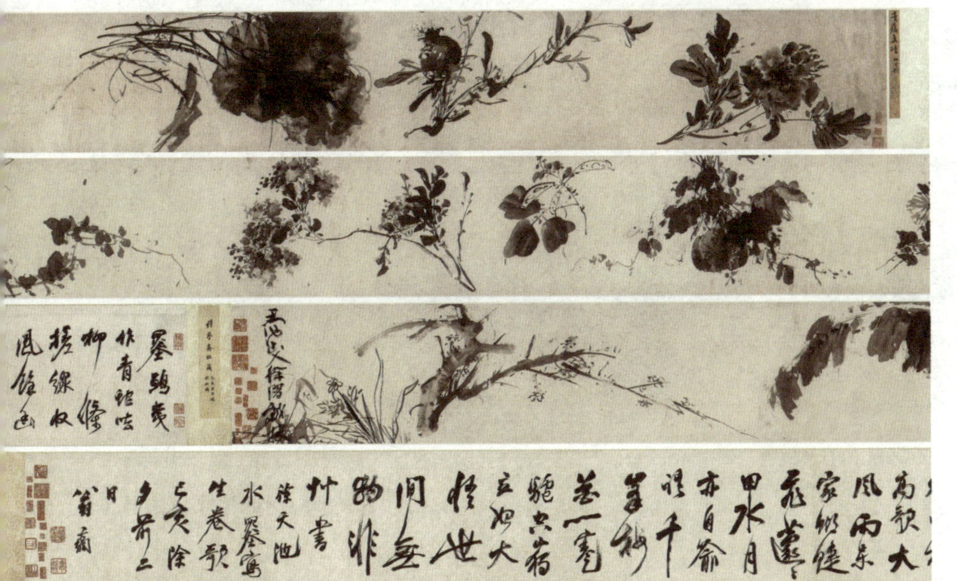

徐渭的画用笔简练，笔法草草，韵似而形不似，被后世称为“泼墨大写意”。

徐渭的绘画中充满了狂放不羁的气息，这可能也与他本人性格狂放、肆意不羁有关。在《杂花图》中，徐渭更是将个人的情感与绘画融合到了一个新的高度，进入一种“无我”的境界，在美术史上留下了浓墨重彩的一笔。

•徐渭的绘画风格

徐渭认为“万物贵取影”——作画的时候，应借鉴光影中蕴藏的风韵，更好地表现出所画事物的特色。

玉冠绾青丝
玉发冠

发冠作为古代男子用以束发的精巧配饰，起初为居家闲适之时的装扮。佩戴时，发冠轻轻扣覆于发髻之上，再以精致簪子巧妙固定，既彰显了佩戴者的风雅气质，又蕴含着深厚的文化底蕴。

玉发冠

宋

高 6.5 厘米，长 9.5 厘米，宽 6 厘米

南京博物院藏

这是目前发现的唯一一件宋代玉冠。

《礼记·冠义》：

“已冠而字之，

成人之道也。”

国宝必看

状元的收藏品

毕沅（1730—1797），江苏镇洋（今江苏太仓）人。乾隆二十五年（1760）状元及第，官至湖广总督。他本人爱好金石收藏，也是收藏大家。20 世纪 70 年代，毕沅墓在苏州木渎上沙村被发现，墓中清理出了这件玉发冠及大量陪葬品。

玉发冠由冠体与簪构成。冠体设计灵感源自绽放的花朵，匠人将玉料的内部掏空，雕琢出双层绽放、栩栩如生的花瓣。发冠的四面环绕着双层重叠莲花瓣，顶部为一个向上拱起的椭圆形。簪为碧玉所制，虽然与发冠都为玉质，但在色彩、纹理及风格上却略有差异，与发冠是不同时期的作品。

士庶男子用于家居，武官则用于常服，取其简便随意，不拘礼仪。

专家鉴定认为，这件玉发冠应该是毕沅生前收藏之物，在其辞世后作为陪葬品随葬。

出淤泥而不染的莲

玉发冠的构思之巧妙令人赞叹不已。其玉质温润细腻，触感光滑如丝，彰显出制作匠人的精湛技艺，达到了令人瞩目的高度。发冠边部精细处仅有 0.1 厘米，但内壁却依然光滑平整，这无疑是对古代玉器制作技艺的一次完美诠释。

此类尺寸精巧、设计独特的玉冠，多见于唐宋两代。荷花元素的运用，更是透露出鲜明的宋代艺术特色，既清雅又富有生机。值得注意的是，发冠的一侧呈现出较为深重的沁色，这是岁月沉淀的见证，非一朝一夕所能形成。

翡翠朝珠

清

南京博物院藏

1970 年

江苏苏州毕沅墓出土

珠径 1.3 厘米，总长 158 厘米，共有 108 颗翡翠主珠，用一块完整的翡翠做成。

每 27 颗翡翠珠之间有一颗粉红色的碧玺佛头，代表一年四季。

• 毕沅墓

1970 年，江苏吴县（今江苏苏州）木渎金山公社的成员和南京博物院考古组的专家一起清理发掘了毕沅墓。墓中共出土随葬物品 111 件，这些随葬品是一批有确切可考年代的器物，反映了我国 18 世纪玉器、雕刻、镶嵌等工艺的水平。

• 弱冠之年

《礼记 · 曲礼》中写道："男子二十冠而字。"意思是指男子到了 20 岁，举行"加冠"之礼，并赐以字，表示已经成年，可以婚娶，并从此作为一个成年人，参加各项活动。"加冠礼"就是古代男子的"成年礼"，20 岁也称"弱冠之年"。

① **玉冠**

南北朝

美国国立亚洲艺术博物馆藏

② **高逸图（局部）**

唐 孙位

上海博物馆藏

③ **玉雕七梁冠**

明

大英博物馆藏

男子束发冠常以玉石制成，外形变化较多，使用时扣在发髻之上，用簪子固定。

皇帝的『少女心』仿古芙蓉石蟠螭耳盖炉

必看国宝

仿古芙蓉石蟠螭耳盖炉

清乾隆

通高 17 厘米，口径 14.9 厘米

南京博物院藏

以芙蓉石为原料，精雕细琢而成。

烟云慢慢溢出孔隙，线条灵动的蟠螭因烟云而跃起，晶莹剔透的云纹因烟云而延伸，炉中虽无仙人却显祥瑞。此时的芙蓉石蟠螭耳盖炉已不再是一个香炉，而是视觉与嗅觉共同塑造的微缩梦幻仙境。

可爱“小粉炉”

这件清乾隆年间的仿古芙蓉石蟠螭耳盖炉，跨越时间的长河串联起“文艺青年”乾隆帝与现代人的审美共识。盖炉通体剔透玲珑，腹部雕饰两组对称的蟠螭和铺首衔环耳，使整个盖炉的造型在粉红色的梦幻效果下，少了几分大气威严的庄重感，多了几分龙腾虎跃的气派与灵动。看到这件粉粉嫩嫩的文物，不少人戏称“原来乾隆帝也有少女心！”。

粉嫩嫩的芙蓉石

用“三月春盛，烟烟霞霞，灼灼十里桃花”形容这件盖炉给人的感觉再合适不过了，不管从哪个角度欣赏它都有一种梦幻般的美感！

芙蓉石质地较脆，打磨时易碎，工匠制作时的力度和角度稍有不对，便会造成整块石头崩裂，所以芙蓉石常用于打造小型的饰品。而这件芙蓉石蟠螭耳盖炉用一整块芙蓉石雕刻而成，如此大件整块雕琢且成器的物件在当时也颇为罕见。因此，无论是从审美还是工艺上来说，它都是一件不可多得的稀有宝物。

这件芙蓉石蟠螭耳盖炉，也是每位游客来南京博物院必看的珍宝之一，它是清朝乾隆年间雕刻艺人的巅峰之作。

芙蓉石盖碗
高9厘米，口径12.3厘米，足径6.1厘米。故宫博物院藏

芙蓉石双耳三足炉
通高11.2厘米，口径9.8厘米，足距4.3厘米。故宫博物院藏

三足芙蓉石熏炉
高12厘米，口径6.4厘米，腹径8.5厘米。重庆中国三峡博物馆藏

芙蓉石

芙蓉石又称玫瑰水晶、蔷薇水晶，是石英石的一种，一般为粉红色，主要的化学成分是二氧化硅。芙蓉石的产地有巴西、加拿大、西班牙和中国广东等地，主要用途是制作手链、戒指等饰品和各种精美的工艺品。

• 蟠螭

蟠螭是一种没有角的早期龙，是龙属的蛇状神怪之物，《广雅》里就有“无角曰螭”的记述。关于蟠螭，有两种说法，一种是指黄色的无角龙，另一种是指雌性的龙，在《汉书·司马相如传》中就有“赤螭，雌龙也”的注释。

芙蓉石花鸟纹盖壶
旅顺博物馆藏

芙蓉石菩萨像
重庆中国三峡博物馆藏

必看国宝

“仿真绣”的代表作 耶稣像

南京博物院藏的沈寿苏绣作品《耶稣像》，向观众展示了中国苏绣的精湛技艺和独特魅力，具有极高的艺术价值和历史意义。《耶稣像》的创作和流传过程也反映了中国近现代历史发展变迁和文化交流的情况，它见证了中西方文化的碰撞与融合，以及中国苏绣艺术的发展历程。

《耶稣像》在1915年美国旧金山巴拿马-太平洋国际博览会荣获一等大奖。

一代“绣圣”

沈寿从小便跟随母亲学习刺绣，她天资聪颖，14岁时已成为当地有名的刺绣高手，以“针神”闻名乡里。光绪三十年（1904），慈禧太后七十大寿，沈寿进献“八仙庆寿”等8幅作品，深得慈禧太后喜爱。太后写下“寿”“福”二字赐给她。沈寿名字中的“寿”也由此而来。

光绪三十年，沈寿为了提高自己的刺绣技艺出国考察。其间她

苏绣 苏绣是以苏州为中心的刺绣，针法活泼。

蜀绣 蜀绣是以成都为中心的刺绣的总称，用百种讲究『针脚整齐，线片光亮，紧密柔和』的针法绣成，再配上清丽明快的色彩，形成浑厚圆润、平整细腻的独特韵味。

耶稣像
民国
沈寿
纵 54.8 厘米，横 39.4 厘米
南京博物院藏

研习欧洲油画技艺并取其精华、开拓创新，自创了“仿真绣”，开创了中国近代刺绣史上的一股新风。

苏绣精品

沈寿以意大利画家圭多·雷尼创作的油画《耶稣像》为绣稿，用中国传统载体绢布完成。展现出耶稣头戴荆棘冠、双眼迷离的痛苦神情，以疏密不一的线条来表现光线照射下的明度和色彩变化。《耶稣像》是沈寿仿真绣的代表作之一。

耶稣的头发、胡须用几种色线合并穿在一枚针上的针法绣制，惟妙惟肖地表现出人物的头发质感与形态。荆棘冠下的血渍与红色的披肩相互呼应。最神奇的是，这幅《耶稣像》不管从哪个方位欣赏，人物都不会因丝线反光而变形。

沈寿（1874—1921），号雪宧，原名沈云芝，出生于苏绣的发源地江苏吴县（今江苏苏州）。

2023 年 5 月，国家文物局颁布了《1911 年后已故书画等 8 类作品限制出境名家名单的通知》，沈寿被列入 1911 年后已故织绣类作品限制出境名家名单，她的作品一律不准出境。

• 沈寿对刺绣艺术的传承

在生命的后期，沈寿口述完成了《雪宧绣谱》一书，全书分绣备、绣引、针法、绣要、绣品、绣德、绣节、绣通 8 卷，总结了 18 种刺绣的基本针法。该书是沈寿一生刺绣艺术的理论总结，也是中国工艺美术史上第一部刺绣理论与实际操作相结合的专门著作。

四大名绣

苏绣、蜀绣、粤绣和湘绣以其精湛的技艺而闻名于世，并称『四大名绣』。

湘绣 湘绣图案风格豪放，以花鸟、狮虎图为代表，有绣品若画的特点。

粤绣 粤绣善用金银线勾勒花纹轮廓，反差强烈。

古人的日常生活

国之瑰宝 巧技神思

南京博物院

NANJING MUSEUM

2

在历史的长河中，江苏这片富饶的土地孕育了灿烂的古代文明，并使其在一件件生活器物中得以生动展现。本章聚焦于南京博物院精心收藏的江苏地区古代人日常生活中使用的器物，为我们揭开了一段段鲜活而生动的历史篇章。

嵌螺钿西厢记漆圆盘（局部）

明 江千里

直径 12.4 厘米

南京博物院藏

从泥土中探寻古代文明
陶器

会卖萌的古代“佩奇”

南京博物院这组1993年江苏高邮龙虬庄遗址出土的“猪形陶罐”，它的制作时间可以追溯到遥远的新石器时代。它们有的愁眉苦脸，有的憨笑卖萌，有的怒气冲冲。这些小猪，四腿粗短，身材比例适中，很像今天圆滚滚的家猪，甚是可爱。

在如今这个快节奏的时代，我们常常哀叹时间匆匆而过，不能细细品味。然而，古人早已向我们表明：与时间的相处，不在无尽的追逐，而在和谐共生。他们通过制陶这一古老技艺，教会我们如何在忙碌与喧嚣中找到一片宁静之地，让心灵沉淀。

光芒四射的彩陶盆

八角星纹彩陶盆的表面精心绘制了七颗八角星图案，宛如太阳的光芒辐射八方。八角星纹作为大汶口文化彩陶艺术的标志性符号，常见于彩陶豆与彩陶盆之上，承载着深厚的文化寓意。有的学者认为这是太阳的具象表达，也有学者认为八角放射之形，隐喻浩瀚无垠的天穹。中心方形的设计，则巧妙融合了古人“天圆地方”的宇宙观念。

陶罐的背部是注水口，兼顾了审美和实用功能。

猪形陶罐
新石器时代
南京博物院藏

南京博物院里还珍藏着一件仰韶文化时期彩陶艺术的瑰宝：1963 年江苏邳州大墩子遗址出土的花瓣纹彩陶盆。盆的表面经过精心磨光处理，器身上半部绘有一条精致的花瓣形彩绘纹饰带。

这些绘制于陶器之上的精美纹饰，不仅是古人智慧的结晶，更是他们对自然界的情感寄托。历经五千多年的岁月洗礼，这些彩陶花纹依旧熠熠生辉，以其独特的艺术魅力，在中华文明的历史长河中绽放着不朽的光芒。

大汶口文化

存在时间	约公元前 4500 年一约公元前 2500 年
分布范围	山东省西南及江苏省淮北地区
首次发现	1959 年在山东省宁阳县堡头村首次发现，遗址位于堡头村西和泰安的大汶口一带
文物类型	以夹砂陶和泥质红陶为主的陶器
重要遗址	大汶口遗址、刘林遗址、大墩子遗址

八角星纹、斜栅、圆圈纹，是大汶口文化早期彩陶的重要特征。

口径 33 厘米

八角星纹彩陶盆

大汶口文化

南京博物院藏

1966 年江苏邳州大墩子遗址出土

花瓣纹彩陶盆

仰韶文化时期

口径 25.5 厘米

南京博物院藏

1963 年江苏邳州大墩子遗址出土

1978 年山东泰安大汶口遗址出土

八角星纹彩陶豆

大汶口文化

口径 26 厘米

山东省文物考古研究院藏，山东博物馆展出

八角星纹样在大汶口文化中十分普遍，是深受当时人们喜爱的一种图案。绘有八角星纹的彩陶器皿不仅在南京博物院可以看到，在其他的博物馆也很常见。

早期的炊煮器

南京博物院的这件陶鬶（guī），是远古时期先民们日常生活中不可或缺的炊具与煮食器。陶鬶的历史可追溯至大汶口文化早期，龙山文化时期风靡一时，它的出土地广泛分布于黄河中下游的山东地区以及长江中下游的诸多地区。

考古学家发现部分陶鬶内壁有水垢痕迹，证明它们也许曾被用于烧水；而另有一些陶鬶中则检测出了酒的残留，暗示其亦可用于温酒之用，展现了先民们饮食文化的多样性。

鬶，三足釜（fǔ）也。有柄喙。

——东汉许慎《说文解字》

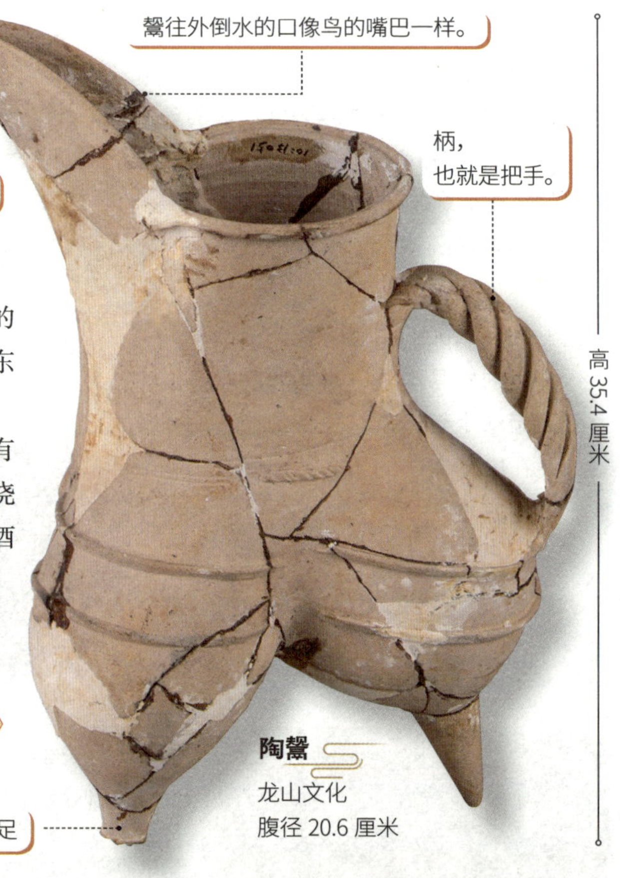

陶鬶

龙山文化

腹径 20.6 厘米

江豚是长江中现存唯一的鲸豚类动物，被认为是长江生命力的晴雨表。人们亲切地称它们为“微笑天使”。

江豚形陶壶

良渚文化

长 32.4 厘米，高 11.7 厘米

南京博物院藏

4500 年前的“微笑天使”

1960 年江苏苏州梅堰遗址出土的这件陶壶，以其独特的江豚形态令人瞩目：体态丰腴，双眼圆睁，尾部上扬，整体造型栩栩如生。此壶精妙地捕捉了江豚在水中嬉戏游弋的姿态，壶身之下，有三只小巧的足支撑起整个壶体。尤为巧妙的是，设计师将注水口设计在江豚的尾部，既实用又富有创意。

江豚形陶壶不仅是古代匠人智慧与技艺的结晶，更深刻地体现了先民们率真质朴的审美情趣。这可爱的江豚形象，也在提醒我们保护动物、守护长江的重要性。

知识拓展

•我们的生活离不开猪

家猪是野猪被人类驯化后形成的亚种，中国饲养的猪便是人类最早驯养的猪的后代。

猪纹陶钵
河姆渡文化
浙江省博物馆藏

河姆渡文化有了成熟的聚落，已经开始圈养家畜。猪纹陶钵上的猪，也证明了我国是世界上最早饲养家猪的国家之一。

玉猪龙
红山文化
辽宁省博物馆藏

在古代，猪既是重要的生活资源，也是人们生活幸福的标志。红山遗址群中出土的玉猪龙，将猪头和龙身相结合，生动地展示出古代先民对猪的喜爱。

安徽凌家滩遗址出土了一头玉猪，它足足有88千克。这头玉猪用一整块玉石雕刻，是新石器时代最重、最大的玉猪，距今已有5500年的历史。

大玉石猪
凌家滩文化
安徽博物院藏

陶猪圈
东汉
南京博物院藏

“家”由象征房子的宝盖头和“豕”组成。豕就是猪，古代有“无豕不成家”的说法。

猪总给人一种好吃懒做的印象，但在中国古代，猪却是财富的象征。

千百年来，猪因体态浑圆、憨厚可爱、性情温顺、朴实无华而深受人们喜爱。“猪”是丰年的象征，农民辛勤劳作，憧憬着“猪肥年丰”的美好生活。

古代官方的祭祀活动中，帝王祭祀社稷的规格最高，需要用到猪、牛、羊三种动物，被称为“太牢”，所以猪的形象也出现在礼器中。

豕形铜尊
商
湖南博物院藏

宰猪图画像砖
魏晋
甘肃省高台县博物馆藏

十二生肖陶俑
唐
中国国家博物馆藏

不少艺术品都以十二生肖为题材进行创作，其中作为随葬品的生肖俑就是其中的一个种类，是今天我们研究当时民风民俗的重要资料。

最能代表中国的器物 瓷器

捧土为陶，巧工成器，拨开时光的封印，泥与火的巧妙融合造就了独特的陶瓷艺术，被赋予时间的印记。一炉窑火熊熊燃起，千年文明生生不息。瓷器曾让世界对神秘的东方古国产生过无尽的向往。它历经千年的风雨洗礼，有悠久而辉煌的历史和跨越时空的艺术魅力。

原始青瓷悬鼓座 战国
口径 9.4 厘米，座径 31.1 厘米，
高 18.8 厘米
南京博物院藏
2003 年江苏无锡鸿山越国贵族墓出土

鸿山越国贵族墓的发掘是越国和越文化考古史上的一次空前大发现。

青瓷乐器部件

鼓座即鼓的底座，是鼓的附属构件。这件原始青瓷悬鼓座的底座上贴有九条堆塑的盘蛇，做弯曲游动状，呈现出一副昂扬奋发、勇往直前的态势。越地多蛇，古越人把蛇看作图腾，原始青瓷悬鼓座恰好能反映出当时越人尚蛇的文化。

青瓷虎子 ▼
西晋
长 21.8 厘米，宽 12.5 厘米，高 18 厘米
南京博物院藏

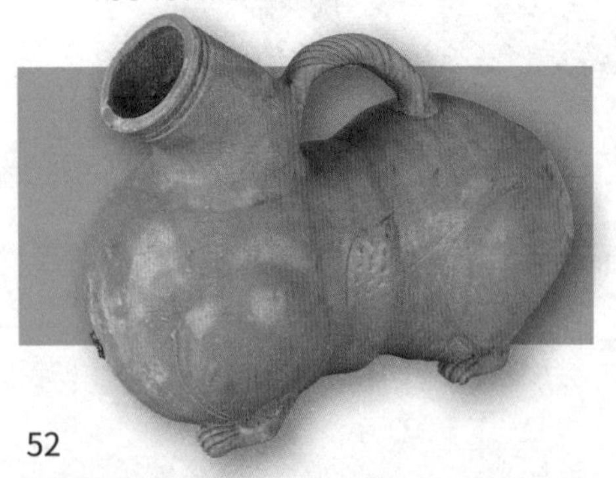

古代夜壶

虎子一般作为“便壶”使用，其历史可追溯至战国时期，它的名字源自其形态酷似一只静卧的猛虎。在两汉至唐代的古墓中，虎子常常作为随葬品，陪伴墓主人长眠地下。

这件青瓷虎子，不仅有虎之威猛，又融入了一丝温顺之感，兼具艺术价值与文化内涵。

灵魂安息之所

青瓷人物飞鸟罐罐体分为上下两部分，上部构建堆塑的楼阁人物景观，下部则为未施任何装饰的罐体。

上部由上至下又划分为两层空间——下层环绕着一圈精致的楼阙与台阁，台阁门外静立着身着胡服的守卫，为楼阁增添了几分异域风情。中部的台面，宛如天然屏障，将人物与台阁分隔，形成了一种错落有致的视觉美感。而在上层的四角，几只飞鸟悠然栖息，它们姿态各异，或展翅欲飞，或低头凝视，为这画面增添了几分活力。

•青瓷

早在商周时期，原始瓷器便已开始采用青釉装饰，东汉至唐朝时青釉瓷器发展至鼎盛。宋朝以后，青瓷逐渐让出了瓷器领域的主导地位，标志着瓷器艺术风格的多元发展与变迁。

魏晋南北朝有一种特色瓷器叫作“堆塑罐”，属于明器的一种，即人死后的随葬品。

青瓷人物飞鸟罐
西晋
通高 47.5 厘米，腹径 25 厘米，底径 13 厘米
南京博物院藏

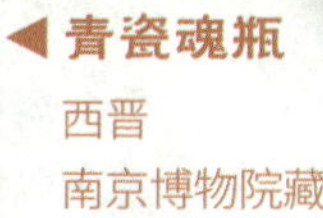

◀ **青瓷魂瓶**
西晋
南京博物院藏

•魂瓶

堆塑罐又被称为谷仓罐、神亭瓶，考古界更喜欢把它称为“魂瓶”。其历史可以追溯至西汉时期，到民国逐渐衰落，是一种流行于南方地区的随葬明器。瓶上丰富变化的堆塑造型，折射出当时南方地区的社会生活和文化变迁，有着很高的历史价值。

“南博庄园”的小鸡

禽舍畜圈是明器出土中的一大类，是当时人们的生死观和丧葬习俗的具现。

青瓷鸡笼里的两只小鸡安静地待在笼中，神态逼真，造型兼具写实与夸张。这件器物，是西晋时期江南地区庄园经济的生动体现。

青瓷鸡笼
西晋
口纵 7.7 厘米，横 8.1 厘米，底径 8.6 厘米，高 6.4 厘米
南京博物院藏

古人认为『瓷枕能明目，至老可读细书』，算是中国人独创的养生『妙招』了。

高枕无忧

瓷枕的顶部边缘用黑色线条勾勒出一圈边框，框内一童子肩扛荷叶，正回首望向大雁，画面充满了童趣与生机。瓷枕背面右侧写有“淦源王家造”。

淦源王家造

宋元时期，青白瓷获得了空前发展，成为宋代瓷业的一大特色。民间美术的发展，让青白釉瓷器出现了很多民俗题材，如婴戏图、杂戏图等，既不矫揉造作，又不夸张炫技，形成了古朴大方的艺术风格。

白釉黑花瓷枕 宋

长 29.8 厘米，宽 17.3 厘米，高 13.4 厘米
南京博物院藏

瓷枕在民间受到普遍欢迎，是消暑纳凉时必不可少的寝具。宋代时定窑、磁州窑、耀州窑和景德镇湖田窑都以制作瓷枕而闻名。

宋代五大名窑

瓷器发展到宋代可谓名窑迭出，诞生出汝窑、官窑、哥窑、钧窑、定窑五大名窑。

磁窑名称	窑址	特色
汝窑	汝州（今河南宝丰清凉寺）	釉色以天青色为主
官窑	汴梁（窑址仍未发现） 临安（今浙江杭州乌龟山、凤凰山一带）	整个器体大面积朴素无饰，釉色以粉青为上
哥窑	处州龙泉（今浙江龙泉）	胎薄、色黑、釉面有疏密不同的裂纹
钧窑	钧州（今河南禹州）	釉色一般为青中带红
定窑	定州（今河北曲阳）	主产白瓷，以实用器为主

影青釉瓷粉盒 宋

南京博物院藏

美妆“神器”

在古代，化妆盒是女性存放胭脂、水粉的必备物品，成为她们闺房中极为重要的珍品。到了宋朝，景德镇的匠人利用五代的青瓷与白瓷烧制技术，结合创新思维，开发出了一种独特的“影青釉”。

影青又称隐青，这组影青釉瓷粉盒胎体极薄、胎骨洁白，在白色中能隐隐透出一点淡青色的暗影。

给功臣的奖赏

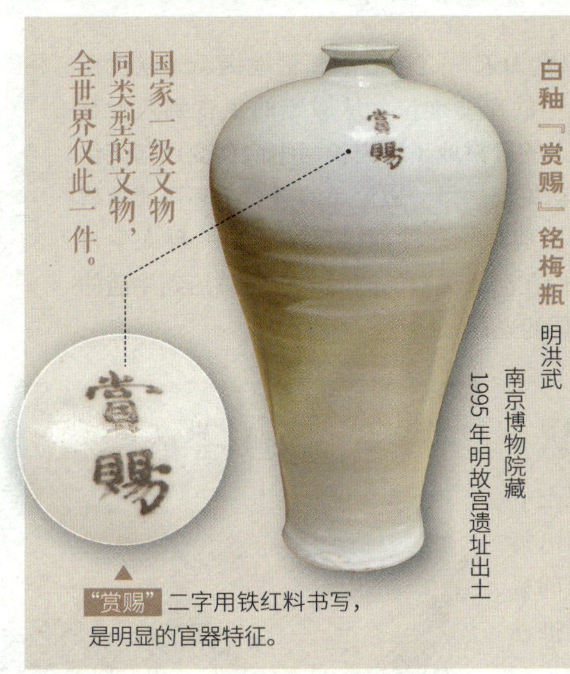

白釉“赏赐”铭梅瓶 明洪武

南京博物院藏 1995年明故宫遗址出土

国家一级文物同类型的文物，全世界仅此一件。

“赏赐”二字用铁红料书写，是明显的官器特征。

这件精美的梅瓶是在南京明故宫遗址东侧的社稷坛附近的一口深井中被发现的，与之一同被挖掘出的还包括白釉爵和白釉碗等珍贵文物。据当时参与挖掘的工人回忆，井深达11米，清除了井中的泥沙之后，他们在井底发现了铺设的木板，而这件梅瓶正静静地放置于木板之上。

梅瓶造型优雅，保留了元代梅瓶独有的风貌和气质。值得一提的是，梅瓶的肩部写有“赏赐”二字，表明这是明太祖朱元璋给予臣子的赏赐，且是朱元璋建立明朝前后制作的，这类文物独一无二，极其珍贵。

康熙帝的生日礼物

青花“万寿”纹大尊是景德镇御窑厂为庆祝康熙帝六十大寿而烧造。尊体上的“寿”字布局严谨，加之用幽蓝的青花进行书写，使器物整体看起来十分庄重典雅。

因烧造难度很大，现存的青花“万寿”纹大尊仅有6件，分别是北京故宫博物院1件，南京博物院1件，香港中文大学文物馆1件，美国纽约私人收藏1件，2013、2018年香港拍卖行出现过2件。

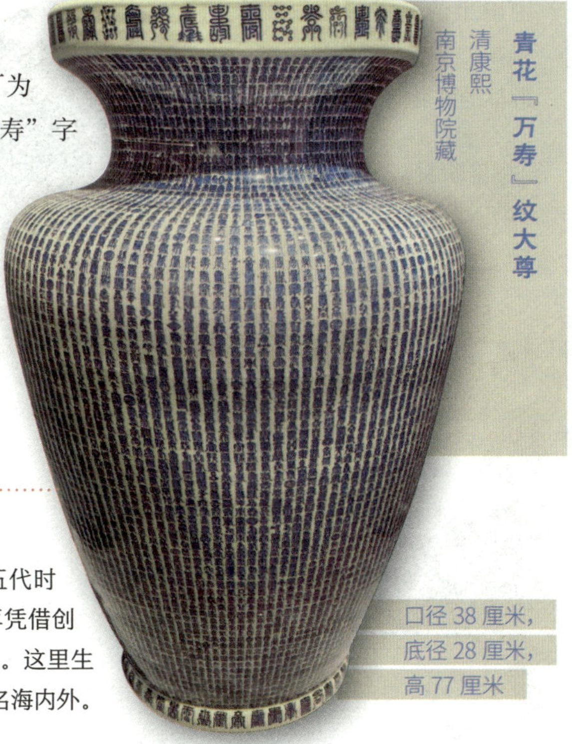

青花“万寿”纹大尊 清康熙

南京博物院藏

口径38厘米，底径28厘米，高77厘米

• “瓷都”景德镇

景德镇因有烧制瓷器必备的瓷土，早在五代时就有匠人在此烧造瓷器。经过宋元的积累，再凭借创烧青花瓷的成功，景德镇在明清时期迎来繁荣。这里生产的瓷器质量精良、种类繁多、装饰多样，闻名海内外。

民以食为天

舌尖上的历史传承

“民以食为天”这句俗语深刻地揭示了饮食在中国文化中的重要地位。从原始的生食到八大菜系，中国人的餐桌成了历史长河中饮食变迁与文化传承的生动见证。每一道菜品的背后，都可能承载着一段历史典故、一种地域风情或是一种人生哲理，让人们在品味美食的同时，也能感悟到生活的真谛与智慧的光芒。

“黑米粒”万年稻作栽培史

中国的饮食文化源远流长，一粒稻从泥土中走来，诉说着人与自然千丝万缕的联系。顺山集文化距今约 8500—8000 年，是江苏境内最早的新石器时代文化，它的发现将江苏的历史向前推进了 1500 年左右。江苏泗洪韩井遗址中出土的稻谷标本——炭化稻谷，是江苏“鱼米之乡”最早的实物见证。

水稻是重要的粮食作物，它养活了世界上一半以上的人口。

顺山集文化被誉为“江苏文明之根”。

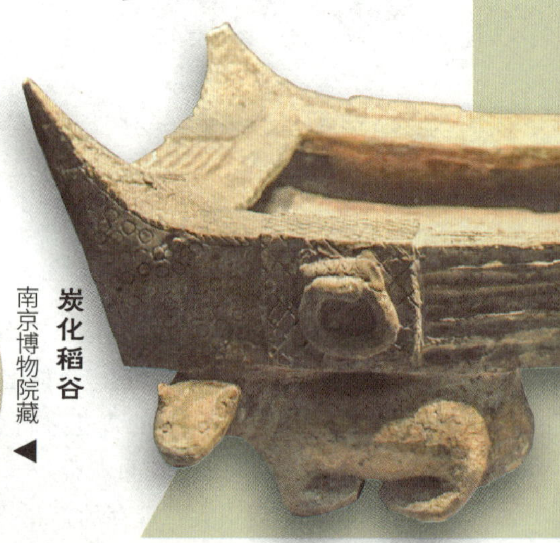

炭化稻谷 南京博物院藏

锅的老祖宗

釜灶组合 高约 24 厘米，宽 30 厘米 南京博物院藏

这件“釜灶组合”上面的为釜，下面像支架的为灶，可生火加热。釜灶组合使用，为蒸、煮食物提供了巨大便利。

《释名・释宫室》说：“灶，造也，创造食物也。”灶作为饮食加工的基本器具，经过了漫长的历史演化。江苏泗洪顺山集遗址出土的釜灶为我们清晰地展示了灶具最原始的模样。

古人也“撸串”

《诗经》中有诗句：“有兔斯首，燔之炙之。君子有酒，酌言酢之。”几千年前，我们的祖先一手烤串，一手美酒，真可谓快意乐哉！

江苏无锡鸿山越国贵族墓出土的硬陶兽足炙炉，炉体呈长方形，炉盘为便于安置炭火设计成中心内凹的样子。环绕炉盘四周有回廊式遮沿，能够防止食物滑落。炉体的四个角高高翘起，进一步确保了炙烤过程中肉串的安全。四只栩栩如生的豹形足支撑着整个炉盘，既稳固又增添了几分野性与力量之美。

硬陶兽足炙炉 战国 南京博物院藏

难以拒绝的烧烤，是中国人在舌尖上的传承。

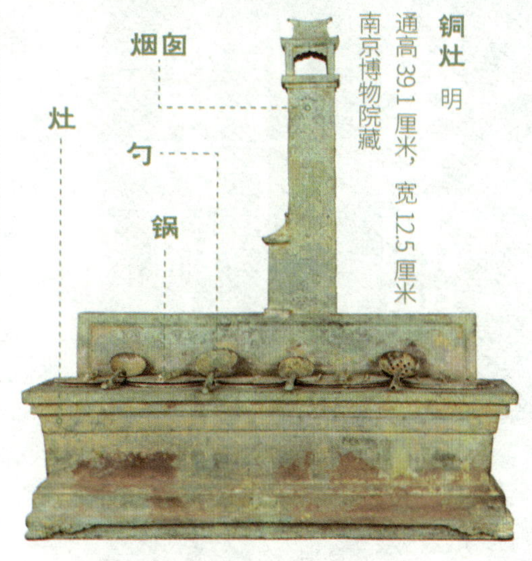

铜灶 明 通高 39.1 厘米，宽 12.5 厘米 南京博物院藏

铜灶出土于江苏南京西善桥金英墓。铜灶上有五口锅，每口锅边配有勺子和锅盖。烟囱顶端装饰有歇山顶式的小方亭，这一设计既防止了烟气的倒灌，又有一种古典雅致的美感。而在烟囱的顶部，还特别铸造了一个小巧的神龛，专为供奉灶王爷而设，这一细节不仅体现了古代民间的祭灶习俗，也增添了文物本身的文化底蕴。

不朽的漆器

南宋漆碗装饰简洁，朴素大方，极具韵味。碗边缘髹（xiū）黑漆，整体髹朱漆，素面光洁细腻，是当时典型的精美器具。

精美的漆器不但是中国人的日常用品，也深受外国人的喜爱。漆器曾作为中国古代外销产品，远销朝鲜、日本，甚至欧洲。这种精美耐用的器物，不仅是日常用品，也是精美的艺术品，为人们所喜爱。

▶ **漆碗** 南宋 南京博物院藏

感受酒器的美与雅

杯里乾坤大，壶中日月长

酒是中国人餐桌上的重要饮品之一，在历史长河中，它承载了我们生命中的温柔与放肆。酒杯当中有着乾坤气象，酒壶当中流淌着历史。从古代走来的酒器，盛满了许多令人迷醉的难忘时光，成就了中国人美好生活里的万千滋味。

萌萌的小怪兽

1954 年江苏镇江烟墩山宜候墓出土的这件青铜牺觥，它的形态模拟四足瑞兽，兽身为圆角长方形，顶部覆盖着雕刻精细的兽形钮盖。腹部两侧对称铺展着线条流畅的凤鸟纹饰，尽显古代工匠的精湛技艺。青铜牺觥不仅装饰华美，保存状况亦极佳，承载着深厚的历史底蕴。

牺觥也叫兕（sì）觥或兽形觥。“牺”在古代指用于祭祀的牲畜；“兕”则指犀牛，有时特指雌性犀牛，其力大无穷，形象威猛；“觥”则指古代一种仿兽形态的盛酒器具。

青铜牺觥
西周
高 21.1 厘米，长 21.8 厘米
南京博物院藏

必看国宝

这件青铜牺觥因造型可爱，深受参观者的喜爱。

•觥筹交错

青铜觥是商周时期特有的盛酒器，典型特征是兽形大脑袋和覆盖整个背部的大盖子。成语觥筹交错中的“觥”，就是指这种造型的酒器。

是酒壶，也是艺术品

1965 年江苏涟水三里墩汉墓出土的错金银立鸟几何纹铜壶，盖钮上傲然挺立一只飞鸟，双翼尽展，昂首长鸣。壶盖与壶足基座四周，各巧妙安置三只飞鸟，形态各异，栩栩如生。整个壶身以错银工艺精细装饰，其间巧妙镶嵌绿松石。

尤为别致的是，此壶采用罕见的“盖上有盖”设计，内盖边缘隆起，其上又蹲坐着三只幼鸟，羽翼轻展，嘴巴微张，仿佛正欢快地啼叫。壶体表面，三角云纹与蝠纹交织，这些图案是战国晚期青铜器常见的元素，寓意吉祥与福祉。

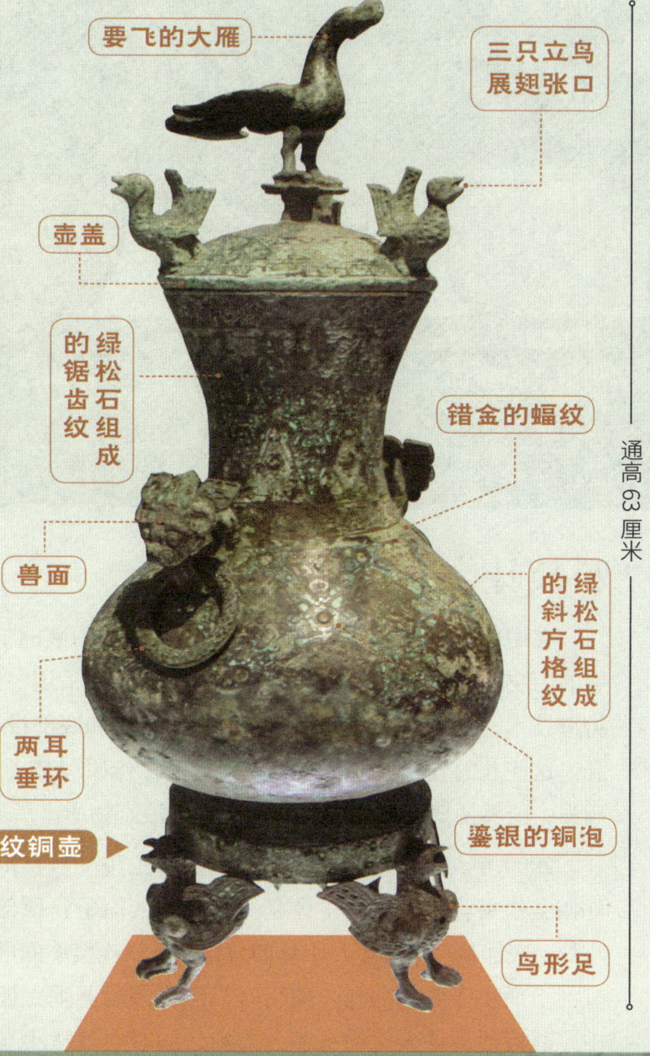

错金银立鸟几何纹铜壶
战国
南京博物院藏

像坛子一样的酒器

瓿是流行于商朝至东周时期的一种器具，用来存放酒、水，或是酱料。这件青铜瓿由内外两重构成，内部为壶体；外层分为上下两部分，上部边缘设有四只耳朵，装饰有兽面纹饰并携环。整件作品造型独特，展示出浓郁的时代特色。

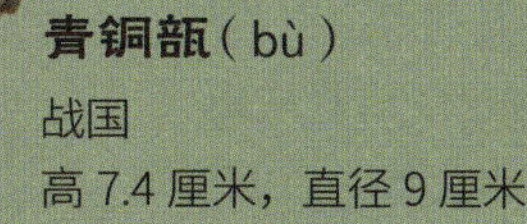

青铜瓿（bù）
战国
高 7.4 厘米，直径 9 厘米
南京博物院藏

知识拓展

有关瓿的介绍

材质：陶土、青铜

陶器：

白陶刻几何纹瓿
商
故宫博物院藏

陶瓿
东周
美国弗利尔美术馆藏

白陶瓿
战国
美国纽约大都会艺术博物馆藏

印纹硬陶瓿
战国
美国普林斯顿大学艺术博物馆藏

科技让文物活起来

在中国古代，汲（jí）酒器是一种用来提取酒液的工具，它的历史可追溯至战国时期。现存的汲酒器多采用一体化铸造技术，形成一个内部空腔，器物的上端和底部设有小孔，这些孔的直径大致相同。该器具的工作原理基于大气压强，能够便捷地提取和转移水、酒等液态物质。

2009 年，江苏盱眙大云山西汉江都王陵一号墓出土的这件错金银鸟首汲酒器，主体是一根圆形的筒子，顶部有一只小鸟，底部是一个小壶。小鸟的背部有孔，连接中间的筒子，直到下面小壶底部的孔。使用时只需将汲酒器垂直插入酒液中，酒液便会从壶底的孔流入器内，同时空气从小鸟背部的小孔排出。当用手指封住上面的小孔并提起汲酒器时，壶内的酒便能保持不漏；一旦松开手指，酒就会从容器中流出。

错金银鸟首汲酒器
西汉
南京博物院藏

汲酒器在使用时，利用了大气压强的原理。

• 铸造技术

金是人类最早发现和使用的金属之一，古人利用金银的延展性来制作或装饰器物。错金银技术到汉代时已经日趋成熟，加之汉代审美观念的改变，所以铸造了一批具有汉代特色的青铜器物。

特征：有圆形和方形、带耳和不带耳之分，耳多做成兽首状，大腹、圈足、敛口。青铜瓿的器身常有饕餮纹、乳钉纹、云雷纹等纹饰。

青铜器：

四羊首瓿
商
上海博物馆藏

龙纹瓿
东周
美国纽约大都会艺术博物馆藏

蟠螭纹瓿
东周
美国弗利尔美术馆藏

镂雕蟠虺纹瓿
战国
美国哈佛大学（赛克勒）博物馆藏

青瓷的艺术

青釉莲花双鼻带把瓷壶
唐
高 42.7 厘米，口径 9.2 厘米，腹径 16.5 厘米　南京博物院藏

青釉莲花双鼻带把瓷壶，颈部为上下两端作喇叭口状敞口，腰部略微收紧，肩部饱满。腰部以下，壶身线条变得陡峭，底部微微倾斜，以平砂底收尾，底心凹陷。壶的前方肩部装饰有鸡头形壶嘴，后方则有龙形壶把，龙头低垂至盘口边缘，龙颈轻微上翘后再圆滑下降至壶肩，周围以浅刻暗纹的仰视莲花八片环绕，为这件瓷壶增添了一抹神秘的古典之美。

壶嘴做成鸡首状的壶也叫“鸡首壶”或“鸡头壶”等，在西晋至唐初尤为常见。

加官进“爵”

自隋唐开始，黄色便成为皇家的御用颜色。至明清后期，黄釉瓷器脱颖而出，成为帝王的御用瓷器。在明清历史上，黄釉瓷主要是皇家生活的日用品。

黄釉描金瓷爵杯通体覆盖黄釉。自口沿而下直至腹部间密布着细腻贴金装饰。底部中央为平底，其上以篆书雕刻着“乾隆年制”，字迹清晰，笔力遒劲。

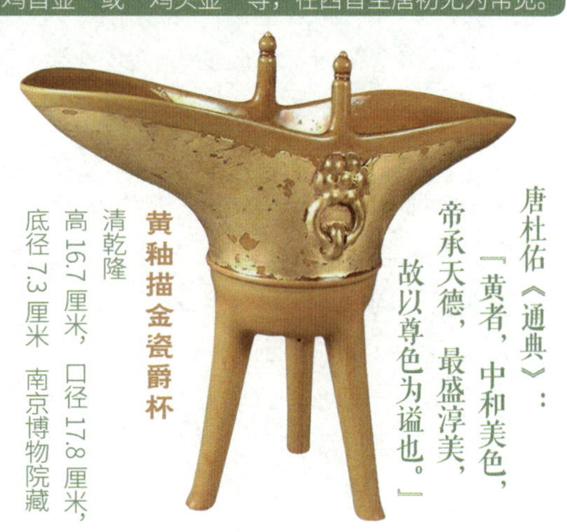

黄釉描金瓷爵杯
清乾隆
高 16.7 厘米，口径 17.8 厘米，底径 7.3 厘米　南京博物院藏

唐杜佑《通典》：

「黄者，中和美色，帝承天德，最盛淳美，故以尊色为谥也。」

“雅”中作乐
古人的精致生活

古代的文人墨客，将传统文化精髓巧妙融入日常点滴，绘制出洋溢着东方独特风韵的美学画卷。往昔的手工艺大师们，凭借超凡的技艺与卓越的眼光，担起中国古典生活美学缔造者与诠释者的角色。这些经过时间洗礼的物件，不仅仅是实物的存在，更是古人对诗意生活与远方梦想的深情诉说。

长毋相忘

时常想念，切勿忘怀

在古代，腰带扣被称为“带钩”，它不仅是服饰的配件，还能成为人们随身携带的情感寄托之物。南京博物院珍藏的众多瑰宝中，一枚西汉时期的银质带钩尤为引人注目。此带钩设计巧妙，能够如同虎符般一分为二，开启之后，可看到带钩内侧刻有篆书“长毋相忘”四字，象征着情感的紧密相连与永不分离。

这枚承载着深情厚意的“长毋相忘”银带钩，出土于江苏盱眙县大云山汉墓的陪葬墓中，墓主人是江都王刘非宠爱的妃子——淳于婴儿。而在大云山汉墓中还出土过一件刻有“久不见兮，长相思”的玳瑁簪，仿佛在与这件银带钩隔空对话。

将这份深情厚意镌刻于带钩之内，不仅是对个人情感的私密珍藏，更是夫妻间细腻情感的见证。在平凡的日子里，以这样的方式互诉衷肠，提醒对方勿忘彼此，无疑是一种别样的浪漫与深情。这枚“长毋相忘”银带钩，便是这样一件穿越时空的情感信物，静静地讲述着一段关于爱、忠诚与永恒的故事。

“长毋相忘”一词,在汉代社会广为流传，不仅是情侣间深情的告白，也是朋友、亲人之间寄托思念与不舍的常用语。它频繁出现在铜镜、漆器等日常用品之上，与“长相思、毋相忘、常富贵、乐未央”“愿长相思，久毋见忘”等美好的祝愿一样，共同构成了汉代人生活中温馨而浪漫的情感表达。

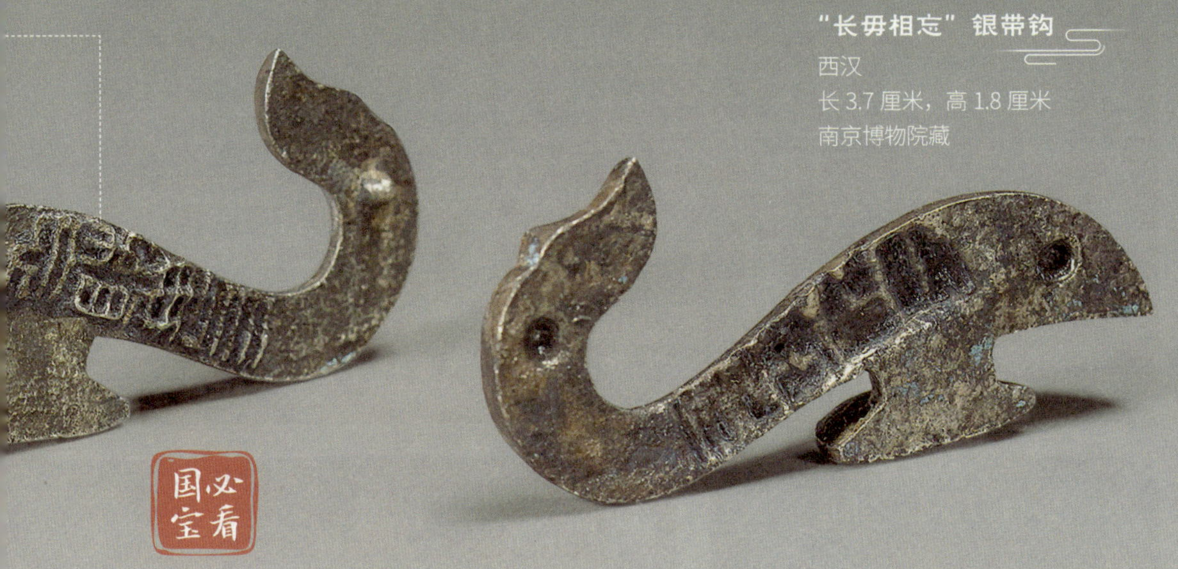

"长毋相忘"银带钩
西汉
长 3.7 厘米，高 1.8 厘米
南京博物院藏

香随风动入吾室

青瓷褐斑香薰由炉身、承柱及承盘三部分组成。炉身侧面巧妙开一小口，便于在香烟缭绕时清理烟灰或续添香料。承柱托起整个炉身，既稳固又美观。承盘则饰以细腻的弦纹，不仅便于手持，更承担着收集燃尽香灰的重要功能。

青瓷褐斑香薰
东晋
高 19.3 厘米，口径 10.5 厘米，
薰球径 14.2 厘米，盘径 18.7 厘米
南京博物院藏

知识拓展

香具的发展历史

香薰又称为熏炉、香炉，是古人用来取暖和熏香的工具。在战国时期，古人用它清洁衣被，有除湿、杀虫、避秽的功效。到了后来，香薰逐渐发展成了一种奢侈品。

青瓷提梁香薰
南京博物院藏
『熏衣剃面，傅粉施朱』成为魏晋时期的时尚。

明 带链高 38.4 厘米
口径 14.4 厘米，底径 7.4 厘米
南京博物院藏

白地印花提梁瓷花囊

花中雅事

这尊明代白地印花提梁瓷花囊器形圆润，线条细腻而流畅，通体覆盖着纯净的白釉，气质宁静而雅致。瓷质链条环环相扣，精巧地将双耳与提梁相连。腹内中空的设计，不仅便于插花展示，也便于携带移动。

瓷器花囊，不仅是花卉芬芳与浪漫情调的承载者，也是宋代“花插”文化的传承与创新者。

美在方寸之间

这是迄今为止唯一一件有明确功能且标有文字的瓷镜盒。

铜镜在中国有着悠久历史。铜镜需要密封保存，早在两周时期，古人便制造出了用于盛放铜镜的漆盒。

这件明代白釉黑花瓷镜盒以白瓷为底，黑釉勾勒，整体和谐统一，浑然天成。盒体空间虽浅却实用，尽显设计之精妙；盒盖顶部巧妙安置一枚如意形钮，盖面微拱，分为内外两圆。

白釉黑花瓷镜盒

明 高 12.2 厘米，口径 21.5 厘米，
底径 8.5 厘米
南京博物院藏

杯盘处处江秋水

在明末清初，江千里及其创制的螺钿漆器在漆器艺术的历史长卷上镌刻下了浓墨重彩的一笔。

嵌螺钿西厢记漆圆盘灵感源自古典文学瑰宝《西厢记》中的经典场景，人物衣褶、发丝皆刻画得栩栩如生，展现了无与伦比的工艺技巧与深厚的文化底蕴。

嵌螺钿西厢记漆圆盘
明 江千里
直径 12.4 厘米
南京博物院藏

漆与贝的天作之合，成就了螺钿艺术。

•江千里

江千里是明末清初的镶嵌漆器工艺家，长居扬州。他善制嵌螺钿漆器，其工艺技巧开创了明代镶嵌螺钿细工的先河。

年年团扇怨秋风

用麦茎编织的团扇本来是农民在秋收后变废为宝的一种产物，但是富贵人家却用同样的材料编出了不一样的成品——螺钿漆柄麦茎编织团扇。它用朴素的材料编织出了一件不普通的工艺品。不同粗细的麦茎编织出粗细不同的三等分圆环，并用织物将它们联结起来，扇心则用绢地山水画，扇柄用玳瑁、螺钿等名贵材料来装饰，凸显了当时贵族的生活品味。

螺钿漆柄麦茎编织团扇

清 通柄长 39.1 厘米，面纵 25.6 厘米，横 25.9 厘米

南京博物院藏

刺绣扇袋 ▲

清 南京博物院藏

• 古代的收纳好物

在清代，随身携带的装饰性扇袋成为权贵和文人墨客的常用配饰。折扇不仅制作工艺复杂精细，每一把折扇上还装饰有书法、绘画、绣花或雕刻的作品。为了保护这些珍贵的折扇，便产生了扇盒和扇袋。

这些扇袋主要是为折扇设计的，形状上宽下窄，多数通过绣制完成。绣制的扇袋采用了多种针法和工艺，也是一件精美的艺术品。

蜜黄湖色缎地线绣猫蝶扇袋 ◀

清 南京博物院藏

刀痕竹韵

臂搁的主要功用在于书写之时防墨迹沾染衣袖，同时充当腕下舒适的支撑。明清时期，竹制臂搁成为主流之选。

书法、篆刻与诗词共同构成了臂搁上不可或缺的图案。书法之韵、篆刻之趣、诗词之境，均被匠人巧妙融入这方寸之间，使得每一件臂搁都成了集实用与审美于一体的艺术珍品。

陈鸿寿竹刻『煎茶图』臂搁 清

长 33.2 厘米，宽 7.7 厘米

南京博物院藏

金色中国 熠熠生辉的金器

中国传统金器艺术极具特色。

黄金自古以来便是财富的象征，是人类最早发现和利用的金属之一。中国是世界上较早开采黄金的国家之一，人们对黄金的追求从未停止。从公元前 16 世纪起，黄金制品开始在中国大地上生根发芽，经各个朝代的创新与发展后，形成了独特的黄金文化。

中国的黄金文化历史悠久，金器制作集奢华与巧思于一身，将金的华美、匠人的巧思、士人的情趣有机地融合，在传统文化中占有特殊的地位。

金郢爰

战国

南京博物院藏

1982 年江苏盱眙南窑庄窖藏出土

纵 12.6 厘米，横（最大处）8 厘米，厚（最宽处）0.3 厘米。

上刻有篆书『郢爰』印记，纵 6 横 9 共 54 个。

最早的黄金货币

郢爰（yǐng yuán）是一种流行于春秋战国时期的黄金称量货币，它的制法是在一整块金版上划分出规则的小方格，格内刻“郢爰”二字，所以又称“印子金”。在货币上记下地名，是当时一种独特的风格，“郢”是楚国首都（今湖北荆州），所以郢爰应是楚国货币。

虎在中国被认为是“百兽之王”。

错金银铜虎

•动物造型的日用品

在汉代，虎、熊、豹、牛、羊、鹿等动物形象成为日常生活器物中最为常见的装饰主题，或器物塑形采用其整体造型，或装饰纹样借鉴其典型纹饰。其写实造型常被用于日常生活用品，与现实生活紧密相连。

错金银铜虎

西汉

长 43.7 厘米，宽 10.6 厘米，高 20.7 厘米

南京博物院藏

2009 年江苏盱眙大云山汉墓出土

展西汉盛世

西汉金饼通常是圆形的，边缘可能略有不规则。其重量和含金量不一，这取决于制饼时的具体情况和需求。金饼上可能会有铭文，包括重量、制造者和日期等信息，这为研究当时的经济、金融和社会历史提供了宝贵资料。

在西汉，金不是日常流通货币的主要形式，铜币才是普通交易的常见货币。金饼主要用于大宗交易，或作为贵族、官员及富商之间礼品交换的高价值物品。此外，金饼也作为财富的储存手段，显示了拥有者的社会地位和经济实力。

窖藏中共出土金饼 25 块，总重量为 7663.4 克。

金饼
西汉
南京博物院藏
1982 年江苏盱眙南窑庄窖藏出土

或“猛”或“萌”

刘非 15 岁时便率领军队与叛军作战，并立下大功，被汉景帝封为江都王（国都在今江苏扬州），这两件铜虎展现出的王者之气与其身份地位高度契合。

铜虎的眼珠镶嵌黑色矿料，使得眼睛更加有神。虎前足稳稳撑地，后足呈蹲踞之姿，尾巴自然下垂。虎身整体采用错金银工艺，使虎斑纹显得更加熠熠生辉。

那些深藏在时光隧道中的耀眼金器，精雕细琢，种类繁复，集各种工艺之大成，彰显着不同地域、时代人们的审美艺术、生活情趣与观念信仰。

《文房四谱》：可终身与俱者，唯砚而已。

文房四宝之首

南京博物院珍藏的鎏金镶嵌琉璃珠兽形铜砚盒，于1969年在江苏徐州土山的东汉彭城王夫妇合葬墓被发现。砚盒整体造型酷似一只俯卧的蟾蜍，上面镶嵌有红珊瑚、青金石及绿松石等宝石。

砚盒分为上下两体，背部有一枚圆润的提钮，便于系绳开启，展现了古代工匠对实用与美观并重的追求。而在蟾蜍微微隆起的腹部内，隐藏着石砚及用于研磨的小圆石，设计之巧妙，令人叹为观止。在出土时，石砚表面尚残留有斑驳的墨痕，这一细节证明了其作为砚台的使用功能。

鎏金镶嵌琉璃珠兽形铜砚盒

东汉

盒长25厘米，宽14.8厘米，通高10.2厘米

南京博物院藏

砚台与金蟾巧妙结合，兼具实用性和美观性。

累了先躺一会

大圣塔始建于北宋元祐年间，为砖塔结构。现如今，仅存《崇明寺大圣塔碑》以及1970年在塔基地宫中发现的银棒、金棺和释迦牟尼涅槃时的金佛像。

金棺外覆金梓木，里面则躺着金佛像。根据史料记载，释迦牟尼在成佛50年后，在毗舍离城因重病加剧，前往拘尸那迦河边，洗了澡，并在四方各有两棵娑罗树的中间，安置了绳床，以右手为枕，侧卧其中，向弟子们宣告自己即将涅槃。

元祐八年金棺

北宋

高5.7厘米，长14.2厘米，宽6—6.8厘米

南京博物院藏

1970年江苏句容崇明寺大圣塔地宫出土

元祐银贴金佛像

北宋

北宋时期几乎所有的卧佛像都是这样的造型。

佛像置于金棺中，是释迦牟尼涅槃像。佛像五官端正，表情含笑而宁静。

七级金佛塔

清

通高 43 厘米，底宽 20 厘米

南京博物院藏

来自清宫的旧藏

这座七级金佛塔采用七层八面的楼阁式设计，塔顶镶嵌着珊瑚宝珠。塔身设计精巧，每层有四扇门和四扇窗，门内各有一尊盘坐于双层莲花座上的金佛。窗户采用镂空花瓣形状的长方形设计，门窗在各层之间错位间隔，营造出丰富的视觉层次。每层塔顶环绕着八条金龙，口衔风铃，作为脊梁装饰。塔座是五层台阶式的栏杆结构，环绕四周。

发上春晖

南京博物院收藏的这件清代的金凤冠，因其历史价值与艺术价值，被列为国家一级文物。这件金凤冠出土于清朝一品官员、两江总督李卫家族墓（今江苏丰县大河镇）中，制作工艺精湛，是清代金银器代表作品之一。

金凤冠

清

高 13 厘米

南京博物院藏

在清代，男性冠饰分为朝冠、吉服冠、行服冠、雨服冠和常服冠；女性冠饰分为朝冠、吉服冠、钿子、凤冠。

1. 奉天诰命

命 诰 碧玺 天 奉

2. 金凤

3. 双龙戏珠

4. 海涛纹

○ 总体来说，这顶凤冠包含了许多美好、吉祥的祝愿：

① 『奉天诰命』四字字牌，说明了其拥有者一品夫人的身份。

② 冠上的凤凰象征光明，人们认为它的出现预兆天下太平。

③ 双龙戏珠有着喜庆丰收、祈求吉祥的美好愿望。

④ 海涛纹也是寓意着吉祥的纹样。

《礼记·冠义》中说：「冠者，礼之始也。」

古代艺术精品

国之瑰宝 巧技神思

南京博物院
NANJING MUSEUM

三

从细腻入微的绘画与书法，到巧夺天工的建筑构件与文房用品，再到形态各异的雕塑作品，每一件展品都是艺术家智慧与才华的结晶。它们不仅展现了江苏地区独特的艺术风貌与精湛技艺，更承载着丰富的文化内涵与时代精神。

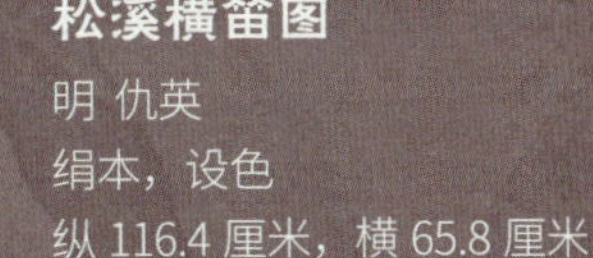

松溪横笛图

明 仇英

绢本，设色

纵 116.4 厘米，横 65.8 厘米

南京博物院藏

以玉载礼，礼以玉成

『玉』润中华

从远古时期的祭祀神器，到封建社会的权力象征，再到文人墨客笔下的高洁意象，玉见证了中华文明的变迁与发展。同时，玉文化更促进了中华文明的多元融合与一体化发展，成为连接不同地域、民族与文化的桥梁，构筑了中华文明丰富多彩而又和谐统一的宏大图景。

敬天礼地的神器

玉琮（cóng）的器形多为内圆外方的筒型，是古人用于祭祀的一种礼器。中国古代有“以苍璧礼天，以黄琮礼地”，即玉璧祭天、玉琮祭地的礼制。

距今5300—4300年前的良渚文化遗址中发现了7000多件玉器，其中以玉琮最为独特。玉琮上的纹饰以兽面纹、人面纹、人面兽面组合纹三种为主。

臂环形琮

良渚文化
高3.4厘米，射径10厘米，孔径8.2厘米
南京博物院藏

1977年江苏苏州张陵山遗址出土的这件臂环形琮，外壁上刻有兽面纹图案。兽面粗眉、圆眼、阔嘴，还有外露的獠牙，形象逼真。从外形来看，这应该是一件可戴在手腕上的臂环。

神树纹玉琮
高12.5厘米，孔径7.7厘米
三星堆博物馆藏

• 共饮一江水

2021年，四川广汉三星堆遗址祭祀区三号坑出土了一件神树纹玉琮。玉琮两面刻有神树纹样，器物形制与甘青地区齐家文化的玉琮高度相似。从三星堆出土的玉琮来看，其既模仿了良渚文化，又受到了齐家文化的影响，体现了三星堆文明的开放与包容，也进一步印证了中华文明多元一体、互相交融的发展历程。

人面兽面组合纹玉琮

人面兽面组合纹玉琮是良渚文化玉器的巅峰之作，展现了良渚先民精湛的玉器制作工艺。

良渚文化
高 7.2 厘米，内孔径 6.8—6.9 厘米
南京博物院藏
1982 年江苏武进寺墩遗址 4 号墓葬出土

青玉神人纹十一节琮

良渚文化
高 32.2 厘米，最宽 7 厘米，孔径 5 厘米。故宫博物院藏

玉琮的特点：外方、内圆、中空。体现了良渚先民「天圆地方」的宇宙观。

回溯至四五千年前的远古时代，当时青铜尚未问世，钢铁更是遥远，面对坚硬无比的玉石原料，古人究竟用什么工具，才能将其雕琢成形态各异、纹饰细腻繁复的玉器精品，这一谜题至今仍萦绕在历史学家与考古学者的心头。

五千年前的南京人

工匠运用娴熟的技法，雕刻出一位头戴冠冕、身姿挺立的男性形象。玉人衣冠轮廓分明，五官明显，呈现出头大身小的独特样貌。

透过这件作品，我们也许能看到五千多年前南京地区先民的风貌——他们可能是右侧盘发，身穿兽皮短衣，这样的装扮不仅体现了当时的服饰文化，也映射出那个时代人们的生活习俗与审美追求。

人物形象玉端饰
新石器时代
玉人像高 4.6 厘米
南京博物院藏
江苏南京高淳区朝墩头遗址 12 号墓出土

这是江苏发现的最早玉人。

必看国宝

人鸟兽玉饰
新石器时代

高 5.5 厘米
厚 0.5 厘米

1991 年江苏昆山赵陵山遗址 77 号墓出土

“人－鸟－兽”的组合是良渚文化玉器中常见的装饰题材，象征着良渚人天、地、祖先三者合一的观念，是良渚文化宇宙观的直观表现。

神秘的“人－鸟－兽”

人鸟兽玉饰是南京博物院所藏良渚玉器的精品，也是迄今为止中国发现的最早的人鸟兽图案精品玉器。玉饰与墓主人右脚下方的石钺圆孔放在一起。钺本来是武器，后来逐渐演变为象征权力和威严的礼器，墓中出土的石钺显示出墓主人生前的地位。人鸟兽玉饰件也许是钺上的饰件。

玉饰主体为侧身人像，在他的冠帽上方有一束高耸弧状物，在人的脸侧有一只头上尾下的走兽，兽的顶端是一只小鸟，形象十分生动。

五千年前的项链

这串精美的玉制项链是从花厅遗址中出土的，当时它被环绕在墓主的头部四周。这种项饰通常被族内的显贵佩戴在颈部和胸前，展示着他们的权势和财富。在大汶口文化时期，玉器的功能由装饰为主变为礼仪和装饰并重，小型玉环和玉片的组合使用变得普遍。这条项链是目前发现的大汶口时期最为精致的玉制项饰之一，堪称史前玉器的杰作。

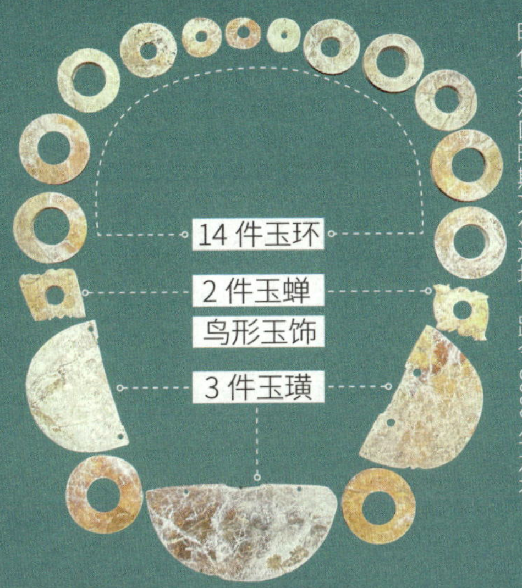

玉项饰 大汶口文化

南京博物院藏

江苏徐州新沂花厅遗址出土。花厅遗址是新石器时代大汶口晚期文化遗址，距今 5000 年左右。

龙腾东方

“龙”这一形象，作为中华文明的标志性图腾，汇聚并虚构了多种生物的卓越特征，历经世代匠人的不断完善，成为一个神圣且吉祥的艺术形象。它不仅寄托着中华民族的理想与憧憬，更是民族文化精髓的展现。

这枚噬尾玉龙佩，龙首高昂，张口咬住尾部，形成了一种首尾相接的奇妙姿态。不仅展现了古代工匠高超的技艺，也寓意着循环不息的哲思。

噬尾玉龙佩

西汉晚期

南京博物院藏

1974 年江苏盱眙东阳城庙塘 4 号新莽墓出土

• 龙凤呈祥

在古代，龙深受老百姓的喜爱和崇拜。结婚时，“龙凤呈祥”便是亲友们对新人最好的祝福。这件龙凤纹玉佩双面雕刻有一龙一凤，龙凤身上刻有浅浅的线。龙回首搭颈，在它的尾巴上站着一只凤，凤回首搭在翅膀上。

龙凤纹玉佩 东晋

长 5.7 厘米，宽 4.5 厘米

厚 0.5 厘米

南京博物院藏

书香中国话传承
文房雅玩

从描绘花朵初绽之姿，至勾勒山川秀美之态；自记载人类高远抱负，至促进知识的传播；在纸张的空白与笔墨的流淌间，万物皆可被赋予生命。华夏文明的精妙构思，汇聚在中国独特的书写、绘画之中。文房用具的诞生与演变，不仅是对自然资源最大化的利用，更是匠人之心与文人情怀的一次坦诚对话，它们闪耀着物质与精神相互交融的璀璨光芒。

文房陈设体现的是主人的品位和学识，可以助文思，养心性。

书桌上的“小山”

笔架又称“笔搁”，是放在书桌上用来架笔的工具。到了明代，笔架的材质多种多样，不但有昂贵的玛瑙、珊瑚、玉，还有较为实用的铜、铁等。笔架的形状则相对统一，多为山形。

铜笔架
明
高 10 厘米，宽 15.3 厘米
南京博物院藏

雅致饰物，别出心裁

古人的文房用品有笔、墨、纸、砚、镇纸、墨床、笔架等。这么多文具，如何存放是个大问题。于是，古人制作出了收纳用的“文具盒”，其结构、功能都与现在的文具盒相近。

红木雕刻四边梅花通景文具盒，盒体被设计为六层八盒的构造，容量大小不一的屉盒可以满足主人的储物需求。文具盒的四边都雕刻有栩栩如生的梅花，平添几分雅致韵味。

红木雕刻四边梅花通景文具盒 清
南京博物院藏

这件明代铜笔架以精铜为原料，上面雕刻有猴、锦鲤、灵芝等代表吉祥的图案，表面处理细腻，图案雕刻精美，展现了高超的工艺水平。

一泓清泉待墨香

笔洗，顾名思义，是用来盛水洗笔的器皿，此物虽然简单，但也被文人雅士们灌注了大量的心血。无论材质还是形态，都各具风采。流传下来的笔洗中，很多是艺术珍品。

红木雕荷花蟹虫笔洗整体依托红木雕刻而成，木质细腻，形似弧形起伏的荷叶，内部荷叶的叶脉纹路清晰可见。笔洗腹部雕有灵动活泼的螃蟹、贝壳、海螺、青蛙、蜥蜴等动物，一幅生机盎然的荷塘景色跃然眼前，整体构造雅致精巧，别有风趣。

红木雕荷花蟹虫笔洗
清
口径 28.7 厘米，高 3.5 厘米
南京博物院藏

• 另有深意的螃蟹造型

在木雕中，有很多以动物为题材，而木雕螃蟹便是其中之一。人们认为螃蟹的外形和它的行走方式，有“纵横四海，八方来财”之意。对作为文房器物的笔洗来说，螃蟹则寓意着金榜题名。解与蟹同音，解元是明清两代科举中乡试的第一名，所以，明清时期的读书人常在家里挂螃蟹图，以此希望自己可以在考试中取得好成绩。

红木笔海套筒 ▼
清
高 18.3 厘米，口径 19.5 厘米
南京博物院藏

清代中期后，因紫檀、黄花梨资源濒临枯竭，所以红木就成了二者的替代品。而笔海作为筒状盛笔的器皿，比平时的笔筒尺寸略大，多为直口、直壁，造型相对简单。

山花落笔床

红木笔海套筒色泽沉敛红润，纹理美观，包浆厚重，口沿线条讲究，挺拔有力，简约质朴，无繁复装饰，仅以诗句附上，字体雕刻刀法老辣，气韵天成。扑面而来的沉稳质朴之气，更衬托出文人雅士的清冷风骨。红木笔海之美，不仅在“于细微处见精神”，更在其风姿绰约的书卷气息。

墨田

曹山彦刻铭端砚 清

曹世模（1791—1852），号山彦，浙江嘉兴人。精通篆刻，辑有《强勉斋印谱》两卷。

端砚又称端溪砚，用今广东肇庆端溪至北岭一带出产的石材制作而成。因肇庆古称端州，故名端砚。端砚以其“叩之不响，磨之无声，刚而不脆，柔而不滑，贮水不耗，发墨利笔”的特性著称，以紫色为主调，另有灰色、青色等色调，石纹丰富，浑然天成，极具艺术色彩。

曹山彦刻铭端砚呈长方形，上刻有“占吉参戎属命均儒铭，山彦刻，时道光壬寅（1842）九月”。

端砚、歙砚、洮河砚与澄泥砚并称为“中国四大名砚”。

《砚笺》：“笔之寿日，墨之寿月，砚之寿世。”

知识拓展

历代砚台珍赏

砚又称砚台，其历史非常久远，在西安半坡遗址和宝鸡北首岭遗址中都曾出土过仰韶文化时期的研磨器。1980 年，西安临潼姜寨遗址出土了一套完整的彩绘陶制工具，其中就有石砚、黑色颜料等，可见中国砚的历史能追溯至 5000 年之前。

石砚与墨丸

西汉

南越王博物院藏

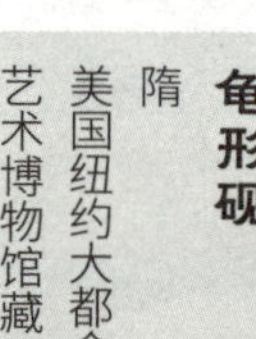

龟形砚

隋

美国纽约大都会艺术博物馆藏

端石括囊砚

宋

台北故宫博物院藏

歙石蓬岛仙壶砚

明宣德

台北故宫博物院藏

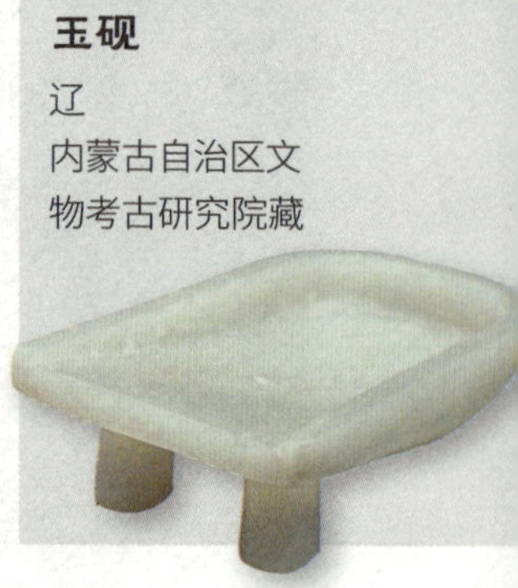

玉砚

辽

内蒙古自治区文物考古研究院藏

盛涓滴水，泽千年文脉

砚滴又称书滴、水注等，是一种与砚、水相关的文房用具，它的功能是在磨墨时添水。在砚滴出现之前，用水盂为砚台添水，但是水盂开口太大，不好控制出水量。后来人们便在水盂的基础上制作出了水流缓慢、可以通过按压进水口调节水量的砚滴。

“雪声”款铜鸳鸯砚滴
民国
高 2.5 厘米，长 5.5 厘米
南京博物院藏

“雪声”款铜鸳鸯砚滴的整体造型是一只浮在水面上的鸳鸯，外形精巧奇特，寄托着文人的审美情趣和思想情操，兼具艺术性和观赏性。

观象砚
唐
台北故宫博物院藏

东坡玩砚图
现代
傅抱石

小器大雅

印章集书法、绘画、雕刻艺术于一身，在咫尺方寸间展现出无尽风华。书法字体豪迈洒脱，绘画构图细腻雅致，篆刻工艺刀法纯熟。小小的印章中实则是“微尘藏宇宙，方寸显大千”。

根据印文的凹凸，可分为印面文字凸起的朱文印（阳文印）和印面文字凹陷的白文印（阴文印）。南京博物院藏这方“江山如此多娇”印是白文印的代表作品。

篆刻「江山如此多娇」白文石印
现代 傅抱石
高 9.1 厘米，长 4.6 厘米，宽 4.7 厘米
南京博物院藏
傅抱石（1904—1965），生于江西南昌。中国现代画家、美术教育家。

画卷纵横交错 笔墨丹青

从一幅画卷中，你能看到历史还是文明？那些流淌在时间长河里的事物，在画家的笔下停留，于画笔中留下历史和文化的碰撞轨迹。

乾隆帝御笔题写「活泼地」

宋徽宗的花押

鹳鹆图轴 北宋 赵佶
纸本，墨笔
纵 88.2 厘米，横 52 厘米
南京博物院藏

不爱江山爱画画

如果不是突然“掉”下来个皇位，赵佶或许会是个“文艺范儿”的王爷。宋哲宗驾崩后，由于没有子嗣，他的弟弟赵佶被推上了皇位，成了北宋第 8 位皇帝。

鹳鹆（qú yù），俗称“八哥”，生性好斗。在这幅《鹳鹆图轴》中，站在树上的鸟儿正在观战，地面上的两只鸟儿则正斗得难舍难分。鸟儿的动和古树的静，形成鲜明的对比，动中有静、静中有动，使画面显得生动传神。

• “天下一人”冠古今 •

花押，又称“押字”“画押”等，类似今天的个性签名。宋徽宗的花押看起来像“天”字，又像是“开”字，有人解读说是“天水”的合写，因天水（今属甘肃）为赵氏郡望；也有人说是由“天下一人”四字组合而成，表明自己是天下至尊。

花鸟图

竹禽图

秋风萧瑟起

倪瓒原名倪珽，字泰宇，后改字元镇，号云林子，经常在画中署名为懒瓒、东海懒生、云林居士、经锄隐者等。

元朝末年，世道纷扰，倪瓒迫于时局动荡，开始了二十余年的游历生涯。尽管旅途历经沧桑，倪瓒的高尚情操却坚定不移，他的画作更是流露出一种超凡脱俗的空灵与清新。清朝画家王原祁对倪瓒的艺术造诣赞不绝口，称其为元四家之首。

倪瓒在《丛篁古木图》中，以极简之笔将石、树、竹巧妙融合，营造出一种荒凉而又不失雅致的意境，令人感受到一种深邃的宁静与萧瑟之美。整幅画作以淡墨勾勒，笔触简练而富有韵味，展现出倪瓒秀逸而脱俗的艺术风格。

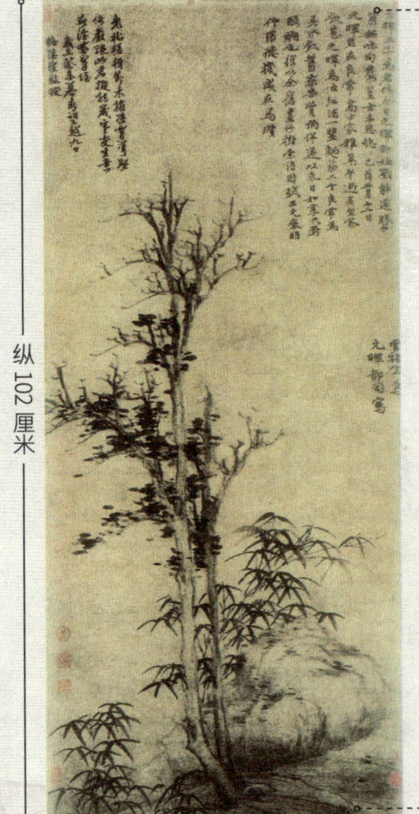

纵 102 厘米

横 43.9 厘米

画幅右上方作者自题：『玄晖五字为君休，今日元晖却姓刘。解道眼前无味句，丛篁古木思悠悠。』

图绘坡石丛篁，配以古木，用笔淡逸。

明末书画家董其昌将黄公望、王蒙、倪瓒、吴镇并称为『元四家』。

▲ **丛篁古木图** 元 倪瓒

纸本，墨笔 南京博物院藏

竹子是古代文人笔下的“常客”，因其代表着高雅、纯洁、高尚的品格，常与松、梅并称“岁寒三友”。

•洁癖贵公子

倪瓒虽然家境富裕，却对自身的学习抓得很紧。他不爱当官，就喜欢艺术，生活中是个“洁癖贵公子”。因为太爱干净了，他吩咐仆人每天将院子里的梧桐树洗刷一遍，结果树被洗死了。

◀ **赵佶笔下的花鸟**

梅花绣眼图

五色鹦鹉图

桃鸠图

富春山居图（局部）
元 黄公望

游遍富春江

黄公望本姓陆，原名陆坚。幼时，黄公望被过继给永嘉（今浙江温州）黄氏为义子。黄氏九旬而无子，见陆坚聪慧伶俐，脱口而出“黄公望子久矣”，因此，陆坚改名“黄公望”，字“子久”。

《富春大岭图》是黄公望暮年之佳作，彼时他已遍历名山大川，其笔下所流淌的，是对大自然无穷韵味与变迁法则的探寻与感悟。

画中，富春山脉层峦叠嶂，气势磅礴；山巅之上，晨曦初照，薄雾缭绕，增添了几分神秘与幽邃。山脚下，两岸相依，怪石嶙峋，环绕其间；石上青苔斑驳，记录着岁月的痕迹。山坡上，树木丛生，枝干交错，展现出勃勃生机与不屈的生命力。

山径曲折蜿蜒，沿途可见茅屋隐匿于树丛之中，增添了几分田园诗意。远处，飞瀑如帘，水声潺潺，与周围的宁静形成鲜明对比。

此画以长卷描绘了富春江两岸秀丽的山水之景。群山环抱中，有茅屋村舍、渔舟小桥，人随景迁，景随人移。画作集中体现了画家的高超技法，已达到炉火纯青的境界，清初吴其贞盛赞为“亘古第一画”。

《富春大岭图》的流传经历

《富春大岭图》曾一度隐匿于世，直至清代被叶梦龙纳入其珍藏之中。据清代学者张庚所著的《图画精意识》一书所载，此画曾荣幸地获得元代大家王蒙与倪瓒的亲笔题跋。时光流转，《富春大岭图》最终流转至近代著名收藏家庞莱臣之手。1963 年，庞莱臣的后人将其捐赠给了南京博物院。

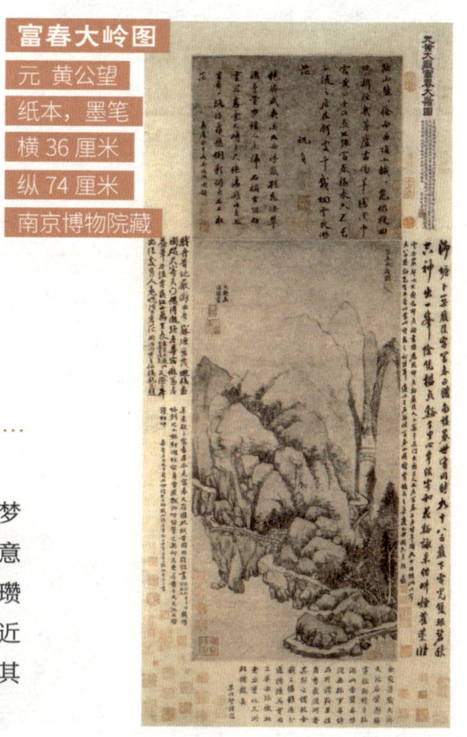
富春大岭图
元 黄公望
纸本，墨笔
横 36 厘米
纵 74 厘米
南京博物院藏

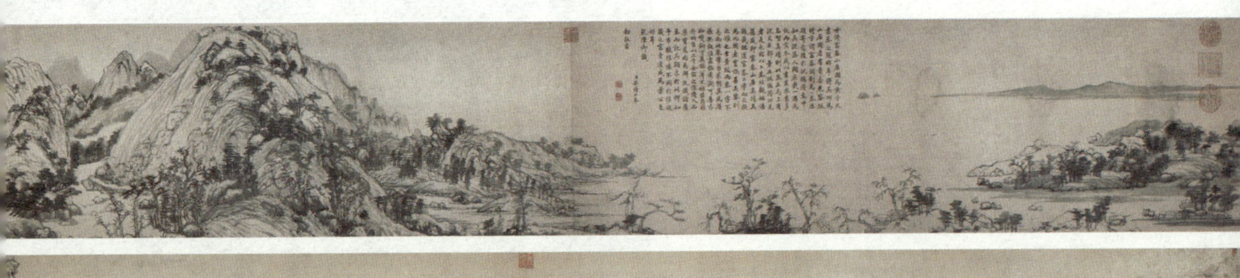

黄公望的《富春山居图》与《富春大岭图》两幅画均以浙江富春江为创作背景，描绘了富春江上以及两岸的山水景色，但两幅作品的艺术表现形式却完全不同。黄公望能够运用不同的画法，将同一地点画出不同的模样，实在让人佩服。

佳菊赠友人

西庐老人是王时敏的晚号，他的一生历经明清两朝。明亡后，53 岁的王时敏居家无事，索性寄情于交游唱和、书画创作。

《答菊图》是王时敏晚年创作的一幅赠予挚友的杰作。以细腻的笔触展现了山林间郁郁葱葱的景象。画面左侧，幽谷深邃，庭院隐藏其间，楼阁亭台若隐若现，一条小径自谷底蜿蜒而上，石阶错落，引领观者步入这隐世桃源，感受那份超脱尘世的宁静。

整幅作品层次分明，繁而不乱，展现出一种和谐有序的美感，达到了“寓法度于纵放之中，得奇趣于笔墨之外”的至高境界。

王时敏与王鉴、王翚、王原祁合称为「清初四王」，并位列「四王」之首。

纵 128.4 厘米

横 57.2 厘米

答菊图 纸本，墨笔 南京博物院藏

画中江南

吴门绘画艺术

“吴门”（今江苏苏州）得名于春秋时期。吴门绘画在“吴门四家”沈周、文徵明、唐寅与仇英的带领下自成一派并稳居明代画坛巅峰。“吴门四家”的笔下，既有文人的书卷气，又有对江南地区秀美风景的真实描绘，展现出江南文人的艺术风骨，在我国绘画艺术史上留下浓重一笔。

《李端端落籍图》

《李端端落籍图》描绘了唐代扬州歌妓李端端与诗人崔涯之间的逸闻趣事。画中居中为唐代诗人、久居扬州的狂士崔涯，他戴东坡巾、留八字须，神情俊朗，端居而坐，手持诗文卷纸半垂膝腿下。崔涯对面持白牡丹者为扬州歌妓李端端，旁为其婢女，李端端姿态文雅，面部表情从容大方，傲然站立于崔家客堂，在向崔涯细细陈述着什么。崔涯正凝神谛听李端端的讲述，其面部神情和倚坐姿态透露出儒雅洒脱的精神气质，似乎深为其言辞所折服，钦佩之情溢于眉目间。案上一古琴放于锦囊中，笔墨、书卷陈

李端端落籍图
明 唐寅
纸本，设色
纵122.7厘米，横57.3厘米
南京博物院藏

列案几。左侧书案两边站立者为主人的两位婢女，一着红色套裙，一着白色衫裙，在主人身后皆拱手静静倾听主客的议论。

《李端端落籍图》取材于一则小故事，崔涯曾写诗嘲笑李端端。李端端听闻此诗，忧心如病，思量再三，决定亲自拜会崔涯。崔涯看她可怜，便又写了一首诗赞扬她的美貌，李端端又开始受到文人商贾的追捧。

桐阴清梦图 明 唐寅 故宫博物院藏

唐寅擅于用简洁的配景来反映人物的内心情感。

躺椅上的人仰面朝天，好像在闭着眼睛休息。

这幅画是唐寅受科考舞弊案影响回到苏州之后而作。

唐寅即以此为主题作画，但将李氏向崔生求情变为当场评理的画面，凸显李端端的智慧和胆略。唐寅以女性的视角重新解读故事，画中题诗表明了唐寅对李端端等社会底层女性的同情与怜悯。

该画用笔极为清新洗练，线条凝练劲畅，疏落有致，湿笔生纸，亦见老辣、劲峭笔墨的韵致。背景中山重岭复，以小斧劈皴为之，雄伟险峻，布局疏朗，风格秀逸清俊。

《李端端落籍图》是唐寅的代表作之一，不仅具有极高的艺术价值，还承载着丰富的历史文化内涵。

• 同是天涯沦落人

唐寅将在桃花坞（今江苏苏州桃花坞大街附近）建起的茅屋取名为“桃花庵”，并自号“桃花庵主”，在此纵情于诗、书、画间。他曾作《桃花庵歌》慨叹“别人笑我太疯癫，我笑他人看不穿”，颇有对坎坷际遇的自嘲自伤之意，这种情绪也常常表现在他的画作中。

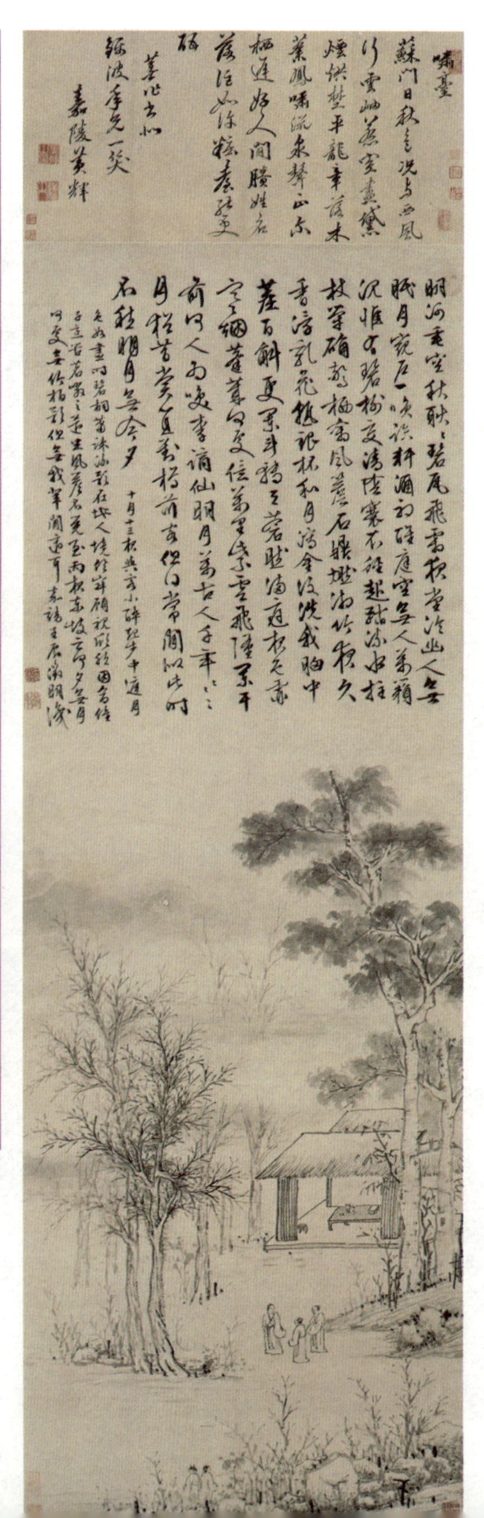

《中庭步月图》

一轮明月，承载着中国人绵延千年的团圆情愫，无论是诗词文赋还是书法绘画，都被赋予了至高至美的寄托。《中庭步月图》便是描绘月夜景致的一幅杰出画作。

《中庭步月图》是文徵明的一幅画作，画出了画家与客人饮酒之后，在庭院中赏月并回忆往昔的聚会场景。画家通过对景色的细腻渲染，为画中的人物营造出一个宁静而深邃的空间。画面上，月光皎洁而静谧，流淌着无限情思，为士人的高雅生活增添了几分亲切与闲适。此画不仅是画家个人日常生活的真实写照，也反映出明朝士人阶层所崇尚的高雅生活情调。

中庭步月图

明

文徵明

纸本，墨笔

纵 149.6 厘米，横 50.5 厘米

南京博物院藏

• 关于假画的小故事

文徵明的字画一直备受推崇，人们拿他的字画来临摹，赝品充斥在他四周，他也不禁止、不生气。最有意思的是有人求画认错了人，求到文徵明本人面前来了，文徵明得知其用意是解决家难，居然欣然提笔画了一幅，让对方拿去换钱。

《松溪横笛图》

文徵明：（仇英）精细工雅，深得松年（刘松年）、千里（赵伯驹）二公神髓，诚当代绝技也。

《松溪横笛图》细腻地刻画了一位隐士在松溪中划船，安然地坐着吹奏笛子的场景。画卷中，群山环绕，山峦重叠，深邃的溪涧中流淌着溪水，一只小船载着一个人，静中有动，动中有静；在远方，皎洁的月亮高悬在天空，陡峭的悬崖壁立千仞；而在近处，清澈的溪水如同一条丝带，四周点缀着五彩缤纷的琼花。在画面的右下角，描绘了一叶扁舟在水中漂流，船头一位高雅的士人，衣着随性，他手持长笛，吹奏出悠扬清脆的旋律。这幅画作巧妙地融合了理想与现实，不仅体现了画家淡泊名利、豁达高远的情趣，更构建了一个超脱世俗、自得其乐的精神家园。

松溪横笛图
明 仇英
绢本，设色
纵 116.4 厘米，横 65.8 厘米
南京博物院藏

越努力越幸运

仇英，字实父，号十洲，江苏太仓人。《明史》中，沈周列于隐逸列传，文徵明与唐寅列于文苑，“吴门四家”中，唯有仇英不见经传。

关于仇英生平，清代文学家张潮在短篇小说集《虞初新志》中略有记载，称其“初为漆工，兼为人彩绘栋宇，后徙而业画，工人物楼阁”。

仇英家境贫寒，很小就辍学了，还曾当过漆工。后来他离开老家太仓，移居苏州，专心学画。仇英在苏州结识了当时许多名家，他在收藏家项元汴家作画时，仔细临摹了数千幅作品，画艺大有长进。在诸位名家的指引和鼓励下，原本就勤奋的仇英更加用功了，他专心作画，转型成了一名职业画家，最终以精湛的技艺蜚声画坛。

《东庄图册》

《东庄图册》是沈周创作的纸本、设色图册，原为24幅，明末散失3幅，现存21幅，每一幅都描绘了一处园林小景。沈周用细腻的笔触，带我们走进宁静、悠然的东庄园林。

东庄是吴宽家族的私人庄园，其风貌在《东庄图册》中得以细腻展现，每一幅画面都深刻烙印着江南园林的温婉与雅致。《东庄图册》不仅精准捕捉了园林中每一处景点的独特风貌，保留了园林的实体之美；更在此基础上，融入了画家丰富的想象力与情感，使得画面虚实相生。这种处理方式，既是对园林实景的再现，也是画家个人艺术造诣的充分展现。

《东庄图册》中，沈周按照游览路径，移步换景、一景一图，使整套图册既能单独呈现，又互有关联。这本图册是沈周心目中江南气韵和田园生活的具体表现，让后人可以透过图册领略明代江南的田园胜景。

东庄图册
明
沈周
纸本，设色
纵28.6厘米，横33厘米
南京博物院藏
（共21开）

《东庄图册》表现的是耕读之乐，是沈周为他的密友吴宽所画。

●平易近人的明星

沈周出身书香世家，家境富裕。他幼年开始学画，最先拜陈宽为师，后又多方拜求名师，画作深得“元四家”画风精髓。沈周一生都没有参加科举，而是专心于绘画创作。他平易近人，喜好结交朋友，家门口常有“粉丝”来向他求画。

热爱收藏的画家

沈周曾短暂收藏过元代著名画家黄公望的《富春山居图》，他得画后爱不释手，不时就要拿出来欣赏一下。沈周请人题跋，将此画留在题跋者家中。不料题跋者之子见《富春山居图》珍贵，竟将其据为己有，并把画作高价卖出。但是，沈周一直对《富春山居图》念念不忘，又凭着记忆将原作临摹了一遍，即《仿黄公望〈富春山居图〉卷》。

艺术之始，雕塑为先

探寻中国雕塑的文化意义

南朝四百八十寺，多少楼台烟雨中。

梁思成在《中国雕塑史》中写道：“艺术之始，雕塑为先。”雕塑艺术从石器时代开始已有几千年的历史。自古以来，雕塑给历史赋予立体形式，后人跨越时间，可以从中窥到东方艺术的魅力。

鎏金一佛二菩萨铜像

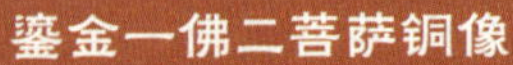

南朝

中间的佛尊右手作施无畏印，左手垂作与愿印，两侧胁侍菩萨附于背光两侧。

• 南朝时期佛教盛行

佛教是由印度释迦牟尼所创立、经西域传入中国的宗教。南朝时期，各朝帝王都崇敬佛教，尤其是南朝梁武帝，在他的支持下，梁朝当时有佛寺近3000所、僧尼8万多人。

曼妙飞天

南京博物院所藏的这尊鎏金一佛二菩萨铜像，中间的佛像有长眉、弯月状的眼睛、高挺的鼻梁、微微上翘的嘴角、清秀瘦长的脸形和圆润的身躯。佛像颔首微笑，立于覆莲座上，佛像头光中心是莲花纹，外再饰卷草纹，背光上有七尊趺（fū）坐佛像，外围又饰七朵火焰纹，正中心的火焰纹中有左右飞仙手托宝塔。背屏、莲座、主尊都可分解，表面鎏金近乎全失。

木藏万象

红木雕苦行僧 清

连座高 20 厘米

南京博物院珍藏的红木雕苦行僧，以整块红木雕琢而成，展现了一位在清修的老者风貌。他全身赤裸，瘦骨嶙峋，双目深邃，低垂眼帘，仿佛正沉浸在冥想之中。

这尊红木圆雕苦行僧像以其消瘦的形象，深刻寓意着尘世之人唯有历经苦行的磨砺，才能达成心灵的升华与解脱。木雕工艺精湛，线条流畅而富有生命力，人物刻画得细腻入微，毫无斧凿之迹，展现了工匠对人物形态与神韵的非凡捕捉与表达。

2008 年，木雕被列入第二批国家级非物质文化遗产名录。

极品牙雕，刻画不凡

象牙雕刺虎摆件 民国 南京博物院藏

背景的屏风，外框木制，中间镶五块象牙板，从右至左刻昆曲《刺虎》一折中的曲牌。

到了明清时期，我国的象牙雕刻工艺发展到顶峰。

这套象牙雕刺虎摆件，取材自昆曲《铁冠图·刺虎》，图中左侧为明末李自成起义军中“一只虎”李固，他左手扶头，醉眼微闭，似不胜酒力。宫女费贞娥则身形微躬，手持利剑，双眉紧蹙，欲行刺被其灌醉的李固。人物形象刻画逼真，充满了紧张感。

2006 年，象牙雕刻被列入第一批国家级非物质文化遗产名录。

超越时空的对话

2012 年，著名雕塑艺术家吴为山以“对话”为主题，创作了《超越时空的对话》。

南京博物院的雕塑《超越时空的对话——达·芬奇与齐白石》通过东、西方两位大师的形象，启示我们要尊重世界文明多样性，以文化交流超越文化隔膜，通过雕塑艺术讲述中国故事，表达中国精神。

超越时空的对话 当代 吴为山

达·芬奇

齐白石

国宝必看

附录

诗意山水，鱼米之乡

南京博物院的非遗馆和民国街各具特色，非遗馆注重江苏地区非遗文化的展示和传承，让公众了解和体验非遗项目；而民国街则通过再现南京民国时期的生活风情和建筑风貌，让游客感受浓厚的历史文化氛围。

体验江苏特色

南京云锦以其色泽鲜艳、绚烂如天上云霞而得名。

锦上有芳华：南京云锦

南京云锦是中国古代纺织艺术巅峰的代表，彰显了我国在纺织领域的非凡创造力与精湛工艺。

云锦纹饰题材丰富、构图精美，兼具实用性与审美性等多个层面。云锦的图案设计严谨，对于形状大小、排列规律都十分讲究，常用的基本图案格式有团花、缠枝、锦群等。云锦的用色布局注重色彩的绚丽和协调，常用艳丽的颜色铺底，同时搭配高明度色彩的主体纹饰，以带来强烈的视觉冲击，达到“浓而不重、艳而不俗”的效果。

• 中国四大名锦

“锦”泛指具有多种彩色花纹的丝织物，主要以精练染色的桑蚕丝为原料，还常使用金银钱。中国织锦品种很多，除南京云锦外，比较著名的还有成都蜀锦、苏州宋锦和广西壮锦。

中国戏剧：昆曲

昆曲原名“昆腔”，产生于元末明初江苏昆山一带，是明代中期至清代中期影响最大的戏曲声腔。昆曲对中国很多戏剧剧种，如京剧、川剧等都有很大影响，堪称中国戏曲艺术的集大成者。昆曲的代表性曲目有《牡丹亭》《西厢记》等。

皮影戏是一种将表演、歌唱、雕刻、绘画等多种艺术手段融为一体的综合性表演形式。

灯影下的侧脸：南京皮影

皮影戏是一种特殊的戏剧形式，由演员在幕后操纵兽皮制成的皮影，借助灯光照射出的影子投射到幕布上，配以演唱、伴奏进行表演，所以也被称为“影子戏”“灯戏”。

• 影响世界的中国皮影戏

据说在元代，皮影戏就已经随着成吉思汗大军远征的脚步，传到了西亚、欧洲等地。13 世纪时，马可·波罗将中国皮影戏带到了意大利。

皮影戏在中国各个地区，有不同的流派与风格。各地皮影的形象各有特点，选用的音乐和唱腔也有区别，在表演时带有浓郁的地方特色。

香溢千年：徐州香包

徐州香包巧妙融合了实用价值与艺术观赏性。内置的中草药成分有驱蚊防潮的实用功能；其外观设计上，以龙凤呈祥、鸳鸯戏水、松鹤延年等图案为主。

现在，徐州香包的创作题材也在不断创新发展。这些新颖设计不仅吸引了年轻一代的目光，也让传统手工艺焕发出新的生机与活力。

追寻浓浓的民国风情：民国馆

南京博物院艺术馆的东侧地下，隐匿着一处别具风情的民国馆。馆内重现了民国时期街道的景象，邮局、火车站、理发店、中药铺等各式店铺遍布其中，每一细节都透露出浓厚的历史韵味。

民国馆生动再现了民国时期的城市生活场景。漫步其间，仿佛每一步都踏在民国南京的石板路上，耳畔似乎还能隐约听见街头的叫卖声。

朱自清《南京》：
“一座金陵城，半部民国史。”

附录

跨越时间长河 与古兽同行

奇幻巨著《山海经》为各类创作提供了灵感，从《大圣归来》中神秘莫测的“混沌”，到《大鱼海棠》里惊艳四座的神异兽类，都有着《山海经》的影子。在享受这些作品带来的视觉盛宴之余，观众也被引领至遥远而神秘的洪荒时代，不禁对那些奇异怪兽产生无尽的遐想与向往。

海百合化石
南京博物院藏
看上去像花状的植物，实际上是货真价实的棘皮动物，在数亿年前的海洋里随处可见。

像花朵一样“盛开”

相信大多数人在南京博物院看到“海百合”的第一反应都是：“这是什么花？”

其实，海百合是一种棘皮动物。它生活在海中，有多条腕足，身体像花一样，表面还有石灰质的壳。由于外观像植物，人们就给它起了“海百合”这个极具迷惑性的名字。

• “花朵”也靠吃饭续命

大部分海百合用茎将身体固定在海底，保证进食时不被海流冲走。海百合的“嘴”长在“花心”里，“嘴”周围有腕，像树枝一样分叉的腕上分生出许多羽毛般的细枝，可以网住水里的微生物。海百合的腕枝内侧有一条步带沟，沟内长着两列柔软而灵活的“触指”。

从远古跋涉而来

在更新世时期，猛犸象广泛分布于北半球寒带地区。猛犸象曾是石器时代原始人类的主要狩猎对象，在欧洲许多洞穴的岩壁上，常常能看到狩猎猛犸象的岩画。

猛犸象化石
高近5米，长9米，门齿3米
南京博物院藏

大角鹿化石
南京博物院藏

猛犸象的体重可达4～5吨，具有9厘米左右的极厚脂肪层，御寒能力极强。它们夏季以草类和豆类为食，冬季以灌木、树皮为食，群居为主。

据推算，南京博物院的这头猛犸象生前的体重在8吨以上，是我国古象化石标本中个体较大的一具。

巨角雄风

大角鹿又叫巨鹿，是目前已发现的体形最大的鹿，大约在7700年前灭绝。中华大角鹿被认为是大角鹿属的亚种，生活在早更新世至晚更新世的中亚和东亚。大角鹿的化石多被发现于河北、山西、内蒙古等地。周口店北京猿人居住的洞穴内，曾大量发现大角鹿的化石，说明大角鹿也许是当时北京猿人的主要狩猎对象之一。

中华大角鹿的分布范围包括了中亚及东亚的部分地区，属内也演化出不同的种类：

种类	栖息地
肿骨中华大角鹿	中国华北及华中地区
河套中华大角鹿	中国华北、华中地区及俄罗斯远东部分地区
扁角中华大角鹿	中国华北地区
公王岭中华大角鹿	中国华北地区
塔吉克中华大角鹿	塔吉克斯坦
矢部中华大角鹿	日本

2018年在河北省蔚县南柏山旧石器时代遗址发现了1件几乎完整的大角鹿鹿角化石，这是迄今发现的最完整的河套大角鹿角化石。

南京博物院

人一生一定要看的博物馆

NANJING MUSEUM